邪気をはらって
幸せをよびこむ

浄化の方法

スピリチュアル心理カウンセラー
日下 由紀恵
Kusaka Yukie

永岡書店

はじめに

自分にはいいことが一つもめぐってこない、何をやっても自信が持てない、無性にイライラする、ささいなことでもすぐに怒ってしまう、生きていると傷つくことばかり……なんて、あなたは、負のスパイラルにはまっていませんか？

しかし、それはあなたのせいではありません。実は、これらはすべて「邪気《じゃき》」のしわざです。本当のあなた（魂）は、光り輝く素晴らしい存在ですが、邪気が憑《つ》くことでその輝きが封じ込められてしまい、代わりにあなたを不安に陥れたり、怒りでいっぱいにしたりなど、ネガティブなほうへと連れていってしまうのです。

では、邪気とは何でしょう？ それは、未浄化霊、嫉妬・憎しみ・怒りなどのネガティブな感情など、人を嫌な気持ちにさせて、あらゆるトラブルの原因をつくるすべてのものです。

では、なぜ邪気が憑いてしまうのでしょうか？ それは、「過去の心の傷」が原因です。**過去にできた心の傷をそのままにしておくことで、無意識にそれらが痛み出し、不安や怒りを生み、邪気を引き寄せてしまう**のです。ですから、幸せになりたいと思ったら、まず心の傷に気づいて癒してあげることが大切です。

心の傷を癒し、魂の光が再びあふれ出るようになると、宇宙からのエネルギーが

どんどん入ってくるので、いいこと、嬉しいことしか起こらなくなってきます。このような状態をキープできれば、もう怖いものは何もありません。

あなたの人生は、最強の幸せモードに突入します！

ただ、心の傷を思い出すことは簡単ではないかもしれません。物心がつく前についた傷もありますから、なかなか思い出せないこともあるでしょう。

そこでこの本では、邪気や心の傷について詳しくお話しした後、邪気を寄せ付けないための方法として、日々の生活に取り入れたい行動や、うまくいかないときの考え方の転換法、汚い言葉を言いそうになってしまったときの言い換え方など、すぐ使える実践的な方法をたくさん紹介しました。

これらを知って生きるか、知らないで生きるかでは、これから歩む人生の質に大きな差がついてくるでしょう。魂の声を聴いて、自分が望む人生をまっすぐ歩めるように、この本を役立てていただければ何よりです。

日下　由紀恵

幸せを引き寄せる
「魔法のプラグ」
約10年前
私、日下由紀恵は
急に霊感がひらけ
神様とお話し
できるようになりました＊
神様いわく
どん底にいた
あなたを
見るに見かねて
現れたのです
だそうです
でも
神様と話せるように
なったからといって
急に運がよくなりはじめた
わけではありませんでした
現実世界の私は
相変わらず
ネガティブなまま
私って
ダメダメ……

＊詳しくは前著（弊社刊）『もう凹まない傷つかない こころが輝く自浄力』に書かれています

再就職をしようと応募すると
書類選考落ち〜
「今回採用がなくなりました」だって!?
とダメダメ続き
ガーン
このままでは生活できなくなるどうしよう……
と不安が不安を呼んで落ち込み未成仏霊をひきつけてさらにネガティブになったり
どよ〜ん
う〜ん
う〜ん
あるときは
○○さんって性格わるぞ〜
○○さんはやせすぎよね
などグチばかりの友だちから出ている〝人を恨んで攻撃する邪気〟や〝自分自身を否定する念〟にまとわりつかれたり
グチグチグチグチ
ダメダメの念

人間関係に悩み
夜遅く外を歩いていると
悲しみや苦しみの念を
連れて帰ってきてしまったり
わっ!
電車で
向かいに
座っている
美人の女性を
見ていると
顔はすましていても
内心とてもイライラしていて
女性の後ろから
熊のような
邪気が牙をむいて
この女に
近寄るな!
と私に攻撃しかけて
きたり……
最初は
私の目の錯覚?
とうとう頭が
おかしくなった?
と悩み
ましたが
目に見えない
世界を
知るにつれ
これらは
幻覚ではなく
実際の
ものであることが
わかったのです

実はこの世のなかは
目に見えないだけで
不安や怒りなどの
ネガティブな感情や
未浄化霊などの邪気で
いっぱい
イライラ
イライラや不安のなかにいると
誰でも邪気に
とり憑かれたり
攻撃されたりして
しまうのです
なんとなく
疲れがとれない
気持ちが晴れない
などの症状は
邪気のせいかもしれません
不安
イライラ
その頃の私は
そんな毎日に
ぐったり……
ぐったり……
はーー…
邪気に憑かれると
悪寒《おかん》がしたり
眠くて
たまらなく
なったり
金縛りに
あったり
怖い夢を
見たりと
何もかもが
うまくいかない
負のスパイラルの
なかにいました
きゃーー
助けて〜

そんなある日
神様は
あなたたちは誰でも
魔法のプラグを
持っています
と教えてくれました
うらやましい
やっつけたい
悲しい
憎い
復讐
つらい
楽しい
幸せ
平和
リラックス
愛
希望
笑顔
夢
魔法のプラグとは
ポジティブな世界にも
ネガティブな世界にも
自分で自由に
抜き差しできて
つながったところの
エネルギーがどんどん
入ってくるという
ものです

暗い気持ちから
なかなか抜け出せないのは
過去の出来事によってできた
心の傷が残っていて
魔法のプラグが
ネガティブな世界に
つながっているから
SOS
ネガティブな
気持ちになるのは
「私に気づいてよ〜」という
心の傷からの
SOSなのです
仕事ができないのに
いばってばかりいる
上司を見たとき
フン
フン
なんであんなやつに
こきつかわれなきゃ
いけないの?
と不満を持つのは
たとえば
子どもの頃
母親から父親の悪口を
聞かされ続けたために
男性に対する
悪い印象を
無意識に思い出したり
するから
何もしないくせに
いばってばかりの
お父さんみたいに
なるんじゃない
わよ!
彼から何日も電話がないと
たまらなく不安に
なったりするのは……
シーン

子どもの頃
親から連絡がないまま
遅くまで留守番をして
どうしようもなく不安に
なったことがあったり
早く帰ってきて～
なんで連絡くれないの？
昔
つきあっていた人から
突然連絡が途絶えて
そのときの心の傷が
残っていたりするから
心の傷は潜在意識の奥底にあり
ふだんは姿を見せません
傷が痛いよ～
でも
過去に傷ついたときと
同じような状況に陥ると
その心の傷が無意識に痛み出し
閉じ込めていた涙が
あふれ出すのです
すぽーん
べろん
どど
どど
どーん

自信がない つらい
悲しい 憎い
イライラする……
そんな気持ちに
なったときは
その感情から
目をそむけずに
心にある傷を
認めてあげて
心が安定すると
魔法のプラグは
ポジティブなほうに
そして宇宙にも
つながることができるから
私
さみしかったんだね
よくがんばったんだね
もう大丈夫だよ

心が安定すると
不思議なことに
いばっている上司を見ても
プンプン
周りからの
プレッシャーで
大変なんだな
と思えるように
なったり
彼から連絡が
こなくても
大丈夫！
彼は仕事で
忙しいだけ
とポジティブな思いの
ほうに意識的にプラグを
差し替えることができる
ようになるのです！
すると
たちまちポジティブな
世界につながり
心が穏やかになって
キラキラの
素敵な出来事や
輝く人たちが
周りに集まります

こうして
光の結界が張られると
邪気や悪いものは
入ってこれません
近隣トラブル
怒り
未浄仏霊や
生霊
恨み
結界
先祖
因縁
誘惑
詐欺
泥棒
ダメ男

嬉しくて楽しいとき
人はいいエネルギーの
なかにいるので
安心できてリラックス
自分の魂の光も周りに
放たれるので
魅力があふれ出します

さらに
宇宙からエネルギーを
受け取るお皿となるオーラが
大きく広がります
宇宙とつながると
自分の魂が発する
正しいメッセージが
わかったり
的確な情報を受け取る力が
そなわったりして
思いどおりに人生が進み

宇宙から
どんどんギフトが
送られてくるように
なるのです
やったー!!
合格通知
彼ができた♡
思いがけない
プレゼント
希望の会社に
就職!
よい本や音楽との
出会い

あなたのプラグは今どちらにつながっていますか？
ネガティブな思いにつながっているならポジティブな思いにつなげましょう

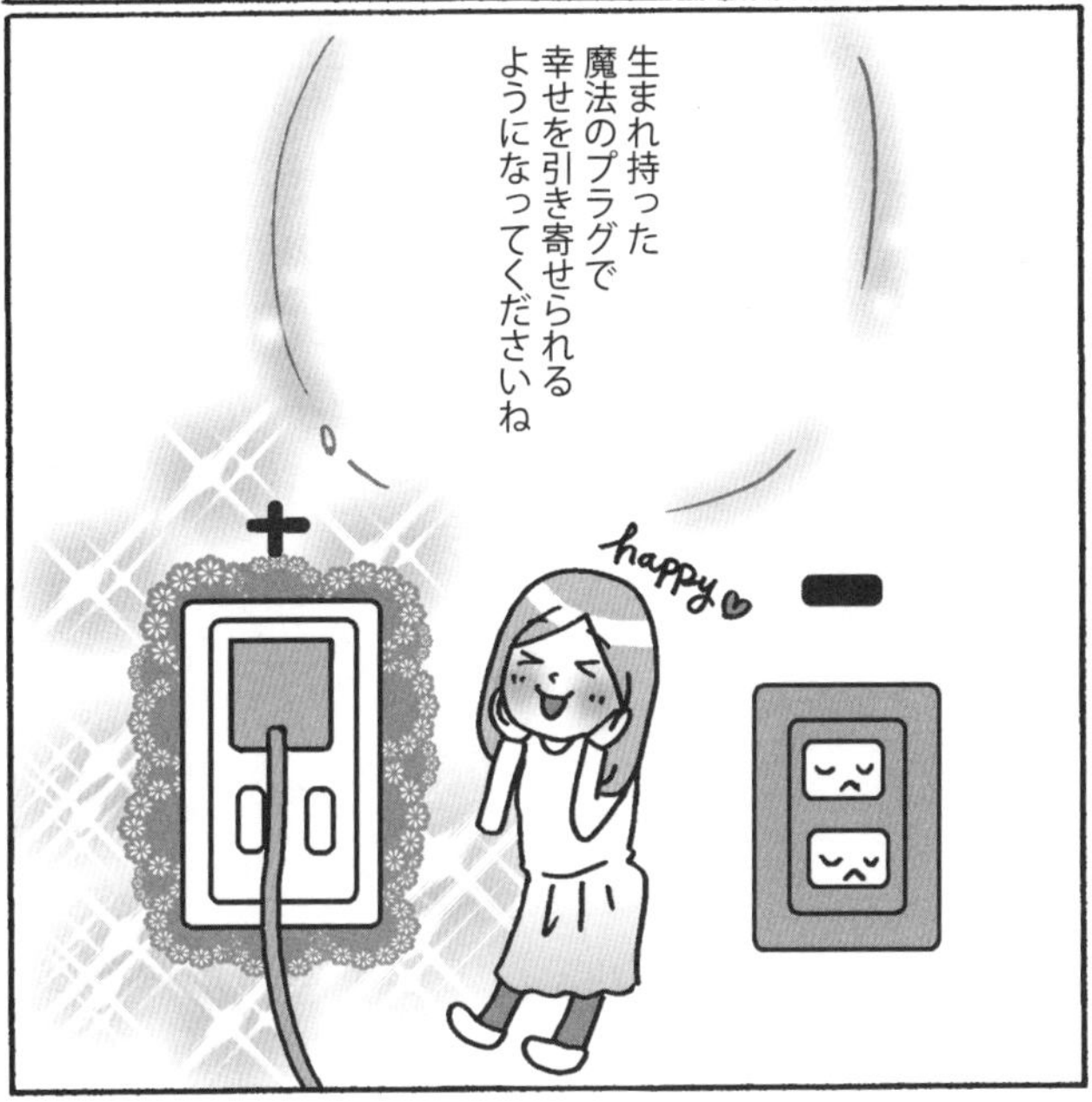
生まれ持った魔法のプラグで幸せを引き寄せられるようになってくださいね
happy

CONTENTS
もくじ

第2章

心の傷に気がつけば、邪気から身を守れる

第3章

魔法のプラグで宇宙エネルギーを受け取る「浄化の習慣」

✦いつでもどこでもできる習慣

第4章

どんどんハッピーになる！神様や見えない力を味方につける「心の作法」

第5章

一瞬でラッキーになる、願いを叶える「浄化の言霊」

第6章

あなたは素晴らしい存在 〝セレンディピティ〟

第1章

邪気が、
不安や怒りなど
マイナス感情を呼び寄せる

人は、なぜ傷ついてしまうのか？

日々の生活のなかで、相手が口に出した何気ない言葉や態度に傷つくことはありませんか？

自分だけ気軽に飲み会に誘われない、友だちから言われたひと言に胸がチクリ、彼からのメールの返信がそっけなく感じて不安になったり。相手はあなたを傷つけようと思っているわけではなくても、私たちの心はちょっとしたことですぐに傷ついてしまうものです。

もっと鈍感でいられたらどんなにラクか……と思いますね。

実際に、傷つくことを恐れて、恋愛に臆病になったり、会社に行くのが億劫《おっくう》になったりする人たちはとても増えています。

いったいなぜ、私たちの心はちょっとしたことで傷ついてしまうのでしょうか？

それは、**昔経験したつらい出来事がいまだ癒されず、潜在意識に残ったまま過去の心の傷としてうずくから**です。過去の傷はふだんおとなしく影を潜《ひそ》めていますが、傷ついたときと同じような出来事やシチュエーションが目の前に再現されると刺激を受け、「私に気づいて！」とアピールを始めます。

すると、「また、○○のときと同じようなことが起こったらどうしよう」「もう、あのときのような寂しい気持ちにはなりたくない」などと、いつも無意識に心が不安でいっぱいになるので、他の人が何とも思わないようなことでも、敏感に反応して傷ついてしまったりすることがあるのです。

心に不安を覚えたら、あなたのなかに過去の心の傷が残っているサイン。そう考えて、もう一度自分を見つめ直してみましょう。それは、どんな傷ですか？

心が傷つくのは、過去の傷からのSOS

傷ついている自分を見たくないから、邪気が憑く

過去の心の傷のなかには、私たちが幼い頃にできた傷もあります。しかし、小さい頃に経験したつらい出来事は、ほとんどの人が覚えていません。というより、**覚えているとつらすぎて前に進めないので、「忘れよう」「なかったことにしよう」と、あえて記憶の外へ出してしまう**のです。

本当は、そのときの状況や自分がどう感じていたのかなどを分析することで、今後何十年もわずらう傷として残りにくくなるのですが、多忙な毎日のなかで、いちいち楽しくもない出来事に関わっているのはおもしろくありません。ですから〝封印〟してしまいます。

しかし、この未解決の傷が残ったままだと、常に不安の傷がおなかのなかにある状態なので、その不安を直視したくないために、怒りという感情が現れるのです。

◇怒りは自分の弱い部分を隠す手段

心の傷は、日常生活の些細《ささい》なことからも生まれます。たとえば、母親に甘えたら、「お姉ちゃんなんだから一人でできるでしょ」と予期せぬ対応で拒絶された、幼稚園で友だちに乱暴なことをされた、小学生の時にいじめにあい孤独を感じたなど。

このような経験は、子どもの純粋な心を傷つけます。子どもの心は半熟卵のように傷つきやすく壊れやすいもの。放っておくと、心の傷はどんどん大きくなり、無意識のうちに「また同じことが起こるのではないか」という不安が湧き出し、リスクに対して警戒する機能が働いてしまいます。

そうなると、「自分の傷＝弱さ」に触れさせまいという気持ちが働き、相手を威《い》嚇《かく》することで傷の直視を避けようとします。

つまり、**「怒り」とは究極の弱者の状態。「今、自分はとても不安なんだ」「誰か助けてくれ！」**と、SOSを発している状況なのです。

傷があるから不安になる、不安になるから怒りが生まれる――ですから、ほとんどの「イラムカの怒り（イライラ、ムカムカ、怒りの感情）」は、過去の心の傷があることによって起こると言えます。

◇不安や怒りを放っておかない

不安や怒りを放っておくことは、幸せを自ら手放すようなものです。
それは、つらい気持ちから抜け出せなくなるだけでなく、せっかく神様が私たちに与えてくれた、宇宙エネルギーを取り入れる「気のパイプ」を閉ざしてしまうことになるからです。

私たちは**「気のパイプ」を通じて宇宙とつながり、ここからエネルギーを受け取ることで、前向きな気持ちや行動がとれるようになっています。**
ところが、過去の心の傷が残ったままだと、それは不安や怒りに発展し、心に不要なもの（自分を否定する気持ちや罪悪感、悲しみや恨みなどのネガティブな感情）をためこんでしまうので、気のパイプが詰まって浄化が滞り、宇宙からのエネルギーが入ってこれない状態になってしまいます。

さらに、私たちの細胞は、思考や行動が起こるとそれに対して振動が起こり、人によってさまざな周波数を生じます。これがいわゆる、オーラと呼ばれるもの。オーラは目には見えなくても、その周波数の違いをお互いに感じとることができるようになっています。

気のパイプがクリアなときは、周波数が高く、宇宙とつながりやすくなっていますが、気のパイプが滞ると周波数が低くなって、同じような低い周波数である邪気に憑かれやすくなってしまうのです。

✧邪気は私たちをコントロールする

いったい邪気とはどんなものなのでしょうか?

読んで字のごとく「邪《よこしま》な気」のことです。

未成仏霊、生霊《いきりょう》、ネガティブな感情などの目に見えないものもあれば、泥棒《どろぼう》、詐《さ》欺《ぎ》、暴力、無視、いじめといった現実的に起こる嫌なことや、垢《あか》、埃《ほこり》、ぬめり、汚物、ヘドロ、かび、湿気などのジメジメ、ジトジトしていて、手に取りたくない物質なども。これらは、とても低い周波数を発しています。

高
生まれたとき
ピカ
ピカ
ほんとダメな子ね!
心に傷がつく
おまえってブスだな!
周波数
小さい邪気が集まって
気のパイプが詰まり出す
傷を癒さずにいると
邪気に憑かれやすくなる
邪気は、感情を
コントロール。
憑かれた人は意思をなくし、
邪気が怒らせる
怒り　ねたみ
そねみ　憎しみに発展
汚れ
ゴミ
低

なんとなく近寄りたくない、この場所にいたくないと思ったら、邪気が存在すると思って間違いないでしょう。

聞いただけでもゾッとするものばかりですが、**心が不安や怒りでいっぱいの人は邪気と同じ周波数を発しているため、自然と引き寄せ合ってしまいます。**

さらには、ネガティブな気持ちがあまりにも長く続いたり、心の傷が深かったりすると、右のイラストのように小さな邪気が寄り集まって、一人の人格を形成し始めます。すると、本当の自分はどこかにいってしまい、邪気が我が物顔でその人を支配するようになります。悲しみを持つ人は悲しみの邪気に飲み込まれ、恨みを持つ人は邪気によって、殺したいほどの強い憎しみがあふれ出します。

ネガティブに考えがちな人は、邪気を引き寄せない自分を取り戻すことが何よりも大切。この本では、３章以降でその方法をたくさんお伝えしていきます。

怒りや不安は、邪気に好かれる

疲れているときは、邪気に憑《つ》かれているとき

風水の基本の一つに、波のようなラインを取り入れる「波形」というものがあり、風水設計の家にはよく使われます。この波形は、宇宙エネルギーを取り込むための基本の形です。

波形と同じように、私たちのエネルギーは常に一定であることはなく、圧迫・圧縮されることで高いパワーを生み出します。ですから、ずっと調子のよいときが続く、ということはありません。明るくウキウキする気分のあとには必ず落ち込む、無理をしてがんばったあとは体調を崩す、という状況が来るのが正解です。

エネルギーチャージの必要な時間になると、イライラしやすかったり、ネガティブになったり、不安でいっぱいになったりするようになっています。邪気が憑くことでそれをはっきり知ることができるようになっているので、**「疲れた状態＝憑か**

れた状態」です。

低い念がのっている状態なので、朝起き上がれなかったり、眠くて眠くてたまらなかったり、原因不明の頭痛がおさまらなかったりします。

眠ってもとれない疲れは、今の生活を見直すサイン

そんなときは、**宇宙の気をチャージするため、睡眠をとることが最大の解決策と**なります。ところが、眠ってもエネルギーを充電できないケースがあります。それは、休んでいるときも、仕事や将来についての不安や否定する気持ちを手放せない場合。ストレス状態はエネルギーの入り口を非常に細くしてしまうのです。

「休んでも疲れがとれない」ときは、今ある生活・自分の心を見直す必要があるという、魂からの大事なメッセージ。不安を感じたり自分を拒否してしまう傷を癒すタイミングが来ています。

邪気が引き起こす行動は、必ず後悔をともなう

ここで怒りのエネルギーについて少し整理しておきたいと思います。

まず大事なのが、**怒りというのは、実は人の感情ではない**ということ。「喜怒哀楽」という言葉があるので「怒り」も正当な感情の一つのように思われますが、そうではありません。**「怒り」は、正しくは「心についた深い傷」**です。

他の3つの感情「喜ぶ」「哀《あわ》れむ」「楽しむ」は、純粋に自分のなかから湧いた感情ですが、「怒り」だけは、邪気によって引き起こされている感情です。

ですから、怒りにもとづいて行動すると、必ず後悔することになっています。

たとえば、暴力を振るったり、相手が傷つく言葉をあえて選んだりしたあとで、「なぜあんなことをしてしまったのだろう」「なんてひどい言葉を吐いてしまったんだろう。もっと冷静になればよかった」などと、自分のしたことに納得がいかず、

あとで悩んだりしがちです。

それは「自分」ではなく、「邪気」に操られてしまったからなのです。

✧相手の邪気にのらない

あなたの周りには、なぜかそばにいると落ち着かなかったり、イライラさせられる、または嫌な思いをさせられたりする人はいませんか？

実は相手が強い邪気をおびている場合、自分がいくら気をつけていても怒りを刺激されるという状況が現れます。

強い邪気はそばにいる人を挑発して怒らせ、自分たちのフィールドに巻き込んで、一人でも多くの人を貶《おとし》めようと常に画策《かくさく》しているからです。

以前、私が勤務していた会社の同僚、F子ちゃんには、強い邪気が憑いていました。仕事を頼まれると、彼女は強い口調で必ずひと言文句を言います。

「今はできません！」「ここまでは、そちらで終わらせてください！」などと、こちらの心を乱す言葉をわざと使ってきます。「ああ言えばこう言う人」というのは、まさに邪気にコントロールされている状態。そんな相手と口論になると、邪気はその人の後ろでニヤニヤ笑って見ています。

◇私たちを怒らせる方向へと導く根霊《ねれい》

周波数が下がった状態が続くと、そこへ、心のバランスを崩して亡くなった人の念（未成仏霊）と周波数が合い、くっついてしまうことがあります。

私はこれを、「根霊」とよんでいます。それらの念は、周波数が低くなっている人の心に根を張って、長く共生《きょうせい》を始めるからです。

たとえば、恨みや否定の気持ちが強い根霊に憑かれると、わざと相手の嫌がることをしたり、いじめて仲間外れにしたり、自分勝手な行動で周りを困らせたりなど、相手を怒らせるように仕向けます。

根霊は、「怒り」の感情がすべての破壊の元になっていることを知っているので、わざとその方向に導くのです。あなたがその挑発にのって怒り、破滅の道をたどるのを、根霊は手をこまねいて待っています。

どんなに平穏を望んで努力していても、それを壊そうとする存在があること、怒りの爆発が自分のせいだけではないことも知っておきましょう。

自分を必要以上に責めることがなくなると、邪気から身を守ることができます。

人の怒りには、巻き込まれないようにする

〝キレる〟……のも邪気のしわざ

最近、キレる人が増えているようです。

電車で降りる人をかき分けて我先に乗ろうとして「邪魔だ……」と舌打ちする人、行列の順番を待ちきれなくて受付の女性に怒鳴っている人、押した押さないと水掛け論で争っている人、お店の人にクレームをつけて怒鳴りつける人……そのような人のそばには、とても近づいていけるような雰囲気ではありませんね。

それは、彼らが大変強い邪気に囲われてしまっているからです。関わり方を誤ると、巻きこまれて大変なことになるのもそのせいです。

「キレる」という言葉は、鋭い突発的な怒りを表現したもので、ずいぶん前から使われ始め、今ではすっかり定着しています。そして言葉だけではなく、多くの人たちの毎日に密着した状態になっています。

インターネットで「キレる」を検索してみただけでも、多くの関連する記事や動画が出てきます。たとえば、店頭でお客が店員さんに怒鳴り散らしている動画が現れます。それをたくさんの人が再生し、さらに「キレた」コメントを載せています。**キレる状態というのは、話題性のある刺激的なこと。というのも、邪気によって引き起こされているから**です。邪気が優位になるとネガティブなことに快感を抱くようになるのです。

ホラーなシーンや怪談話も邪気が憑いていることもありますから、興味をそそられるときは少しエネルギーが弱っているときです。

また、キレる人、キレているシーンによく出合う人も、エネルギー不足。気をつけてみてください。

キレた人を見たら、自分を省《かえり》みる

トラブルメーカーは、邪気にのっとられた人

誰とでもいさかいを起こしてしまうトラブルメーカーや、しょっちゅう怒鳴っている人は、みなさんの周りにもいませんか？

そのような人は極めて孤独な状態にいます。**自分に自信が持てないため、隙《すき》だらけで邪気にのっとられやすい**のです。

また、不特定多数の人に対して噛《か》みついてくるのは、まさに邪気特有の行為です。

邪気が優位になる大きな原因は、「どうせ自分には無理」「こんなことできるはずない」など自分をあきらめているから。

たとえば、子どもの頃、周りの大人、特に親から「なんでそんなこともできないの？」など、ダメな部分を指摘されて育つと、どんなに能力があっても自分を認めてあげることができず、自分を嫌う気持ちが芽生えます。すると、相手のよいとこ

ろではなく、できないところのほうが目につきやすくもなります。幼少期に自分に自信を持てず、消極的な大人になると、成功体験がなかなか持てません。それゆえ、自分自身をあきらめ、心に隙をつくり、邪気に入り込まれてしまいます。

自分をケアできるのは自分だけなのに、その唯一の担当者に見捨てられてしまうと、自分自身（魂）は危機感を覚えます。そしてどこでもトラブルを起こすという方法で、本人にそのピンチの状態を知らせようとします。

それが、トラブルメーカーと呼ばれる人が抱えている心です。

自分をあきらめてしまうと、邪気にのっとられる

トラブルメーカーは邪気のしわざですから、争ったりしてはいけません。そんなときこそ、「ありがとう」の感謝の言葉と笑顔で対応しましょう。邪気はあなたと関わりを持てなくなるはずです。

自分を嫌うエネルギーは、強い邪気を放つ

どうしてもネガティブになってしまう人っていませんか？

人の非難や悪口もさることながら、「どうせ私はダメだから」「いつもこうなんだよね～」「やっても仕方ないね」と、自分の可能性や成功をことごとく否定する人。一緒にいる人は懸命に励ましますが、励ませば励ますほど言い合いになり、最後には決裂というケースも多いもの。なぜ、そこまで自分を認めることを頑《かたく》なに拒むのでしょうか？

それは、心についた過去の深い傷が大いに関わっています。

ストレスいっぱいの母親に育てられたR子さんは、ホメられた経験は皆無。父親とは離別し、母親は工場のパート勤務をしていましたが、収入は少なく、R子さんは友達と出かけたくても、参考書を購入したくても、お金がかかることを母親に言

い出すことができませんでした。そして、そんな自分を嫌って自分の存在価値を次第にフェードアウトさせていきました。

見えないバリアが何重にも張られた彼女を見ると、よっぽど世間や人生、周りの人から自分を遠ざけて、孤独な思いをしてきたことがわかります。

傷ついた経験は、認めて受け入れてあげる

自分の可能性を頑なに否定する人は、認めてもらえない厳しい環境のなかで自分に自信をなくして自分を嫌い続けてきたという過去を持っていることが多いのです。

しかし、自分を嫌うエネルギーは非常に強い邪気で、そばにいる人を根こそぎ挑発し、不愉快にさせてしまいます。

自分のことが認められない、好きではないという人は、傷ついた自分を思い出し、慰めてあげましょう。それだけで心は自分を取り戻し始めます。

執着は、自分の心が生んだ邪気

「有名大学に入らなきゃダメ」「女は結婚、子育てをして初めて幸せになれるもの」というふうに「こうでなくてはならない」「こうあったほうが絶対によい」など、何かに絶対の意義をおいていることを〝執着〟といいます。

執着とは、〝本当は自分はそこから逃れたい〟と思っている呪いの紐《ひも》で、心に残っている悲しみの傷です。たとえば、子どもの頃お金がなくて、やりたいことを我慢したなどの「お金の傷」があると、お金がどれだけあっても足りないと感じるようになり、「お金を持っている人＝偉い人」と信じたり、儲《もう》け話に弱くなるなど「お金への執着」を生み出します。

また、子どもの頃、周りから「ブス」などとからかわれた「ルックスの傷」があると、自分に自信をなくし、美容整形やブランド物にこだわるようになります。こうしてできた執着は、強い負のエネルギーで偏《かたよ》った価値観をつくります。自分にとどまらず子どもにも強く求める傾向があり、それが因縁《いんねん》の原因ともなるのです。

一方、「離婚したい」「親と離れたい」など重い現実を抱えている場合は、現実の直視を避けるため、「離婚をしてはいけない」「親を捨てるなんて考えられない」という**逆の理論に執着し、思いを封印してしまうこともあります。**

しかし、執着と言う強いふたで圧迫された思いは必ず出口を探すので、「子どもがいるのに別れるなんて」「別居するなんて冷酷だ」など、他人に対する強い非難となってあふれ出します。

執着は自分が生んだ邪気です。一人の悪魔です。執着があることで幸せになる確率をひどく狭めてしまいますから、自分を縛る紐は何かを考えてみましょう。人生とは、執着からの解放を喜ぶ旅でもあるのですから。

執着すればするほど、幸せは遠ざかる

邪気がさせる、モラハラやパワハラ

最近、モラハラ、パワハラが社会問題になっています。モラハラ（モラル・ハラスメント）とは、無視したり、怒鳴ったり、言葉や態度などによって相手の心を傷つける精神的暴力のこと。パワハラ（パワー・ハラスメント）は、上司が立場の弱い部下などに対して嫌がらせをしたりすることです。最近は逆パワハラ（上司が部下から嫌がらせを受ける）もあります。

彼らはモンスターです。彼ら自身がモンスターなのではなく、彼らについた邪気がそうさせることが多いのです。

普通、邪気として憑く未成仏霊は人霊なので、「話をしたい」と申し出れば、素直に話し合いにのってくれるのですが、**モラハラ、パワハラを起こす邪気は、「邪《じゃ》熊《ぐま》」といって獣霊《けものれい》の複合体。人霊とは比べものにならないほどの最強邪気**です！

ですからパワハラ・モラハラを起こしているときは、完全に邪態にコントロールされていて、自分が何をしているのかわかっていないことが多いのです。

ではなぜ、こうした強力な獣霊が憑くのでしょうか?

人の心はピンチ度が高ければ高いほど、強い邪気を持つようになりますが、**魂が一番ピンチを感じるとき、それは自分自身を嫌うとき**です。自分に自信を失い、自分を嫌う気持ちが強くなると、その心の隙に強い獣霊が侵入します。そして、相手が怖がれば怖がるほど、その不安に邪態は喜びます。

人霊であれ、獣霊であれ、邪気を溶かすことができるのは愛。ですから、モラハラ、パワハラをする人には、相手の反応を気にせず、まずは笑顔とあいさつを3日続けてみましょう。

笑顔とあいさつが邪気を溶かす

自分の反省点を教えてくれることもある邪気

先日仕事の合間に入った店の隣の席で、会社員の女子たちがランチをとっていました。しゃべっているのは、どうやら一人だけ。

聞くともなしに聞こえてくるのは、彼女による同僚女子の悪口。仕事中に、人の動きをよくそこまで観察できるな～と感心するほど、一挙手一投足揚げ足をとっていました。それが延々と続いて、とうとう食事は終わりました。

みなさんも、友達や家族から人の悪口を聞かされて閉口したことがあるのではないでしょうか？

このように、**人をけなしたり、見下したりするのも邪気のしわざ**です。とても重い負のエネルギーに満ちています。ですから、言うほうも聞かされるほうも大変な負担（＝ストレス）を感じるようになります。

しかし、だからといって、我慢して相手の悪口を言わないようにしたり、愚痴《ぐち》の多い相手を嫌っていたりするだけでは問題は解決しません。**周りにいる人は、自分を映し出す鏡でもあり、特に嫌だなと思う相手は、実は自分自身**だからです。

前出の女性のように、他人の嫌な面は自分の改善すべき課題そのものなのです。誰かを批判したくなるとき、実は自分が過去に同じようなことをしているもの。そのことを教えるために、魂同士が協力して、そのようなシチュエーションをつくっているのです。

また、あなたを怒らせる相手は、悪者役を買って出てまでそのことを教えてくれるソウルメイトです。**自分の行いを振り返り反省することによって、人を批判するネガティブな思考から解放される**のです。

悪口は、すべて自分自身に返ってくる

邪気をとばされても、一瞬で身を守る方法とは？

ラッシュの電車でドン！　とぶつかってきて睨《にら》まれたり、職場で上司に理不尽な怒られ方をしたり、身内からいつも愚痴《ぐち》を聞かされてグッタリしたり……邪気を帯びた人からなんとかして身を守りたいと思いますよね。

そんなときに、とても簡単な方法があります。

それは〝**離れる**〟**こと。**イライラしたり、カーッとさせられるときというのは、相手の邪気の低い周波数を無意識に感じているときです。隣の部屋へ逃げるなど、**物理的に距離をとることで、その波動を受けずに済み、心が落ち着きます。**

オフィスで隣り合わせだったりして移動ができないときは、ファイルや書類などで、隣のデスクとの間に壁をつくり、バリアを張るのも効果的です。

笑顔が、邪気の結界をつくる

✧笑顔で結界を張る

もう一つ、邪気を瞬時にかわす方法があります。それは、〝**口角を上げて無理やりにでも笑顔をつくる**〟**こと。**

笑顔になると周波数が一気に上がるので、低い周波数の邪気はそばにいられなくなり、瞬時に離れざるを得なくなってしまいます。

それはまさに、笑顔の結界！　あなたに近づくことのできない邪気は、ヒュン！と別の周波数の低い人の元に飛んでいき、その人にくっつきます。

争い事が大好きな邪気には、リラックスした笑顔を向けて身を守りましょう。笑顔がこわばりそうなら、とりあえず視界に入らないところへ行く。そうすることで、あなたは邪気の影響を直接受けずに済みます。

邪気が憑くのも承知済みの〝ブループリント〟

私たちは、「素晴らしい人との出会い」「あふれんばかりの成功」「愛も経済状況も豊かな暮らし」を約束されて、生まれてきています。過去世でのさまざまな経験と、今生《こんじょう》での環境をベースに、「今回は歌で幸せをつかもう」「物理の研究で輝こう！」と軸を決めてきています。それが〝ブループリント〟。

ですから、たとえ、どんなにひどい親の元に生まれようと、周囲からいじめられようと、**本来最高の笑顔を発揮するステージは必ず来るようになっています。**

ところが、誰かを恨んだり寂しさをずっと抱え込んでいたりすると、邪気が入り込み、他人への執着にエネルギーを費やすことになってしまいます。自分の夢のための行動や思考にパワーが回らないため、せっかくチャンスが来ても準備不足でスルーせざるを得なくなってしまう、ということが起きます。

引きこもりでも、年収が低くても、学歴がなくても、それらは一つの通過ポイントにすぎません。それらは幸せや成功に、よくない影響を及ぼすどころか、むしろ下がったら上がるしかないエネルギーの特徴を利用して、最速・最短で望むステージへと運んでくれるのです！

誰でも幸せになれることは約束されている

実際、世の中で成功している人ほど、つらい子ども時代を過ごしていたり、凄惨《せいさん》ないじめにあったり、会社の倒産など「どん底」を体験しているもの。そして、それがあったからこそ、天職（＝自分が楽しいと思える仕事）や、自分が笑顔でいられる居場所を見つけることができたのです。**邪気が憑くことではい上がるエネルギーが生まれ、隠された能力が引き出される**とも言えるのです。

幸せの場所は、誰にでも必ず用意されていることを忘れないでください。

怒りを手放す「顔面ツボ押し」

家族や部下、恋人についつい怒鳴ってしまう、イライラしたりカーッとなって自分を抑えられなくなる、そんなときは、邪気にのっとられないよう、耳の穴の前にある軟骨の突起部分中央に位置する「飢点《きてん》」というツボより少し前にある顔面のツボを、人差指でイタ気持ちいい程度に押してみましょう。血管を開き、カーッとなった体温を下げてくれます。

指圧することで気の通りがよくなり、のどまで出かかった文句がスーッとひいていくのがわかるでしょう。家でも外でも、負のエネルギーとは無縁の明るいオーラを保ってくれます。

眠れないときにも効きますよ。

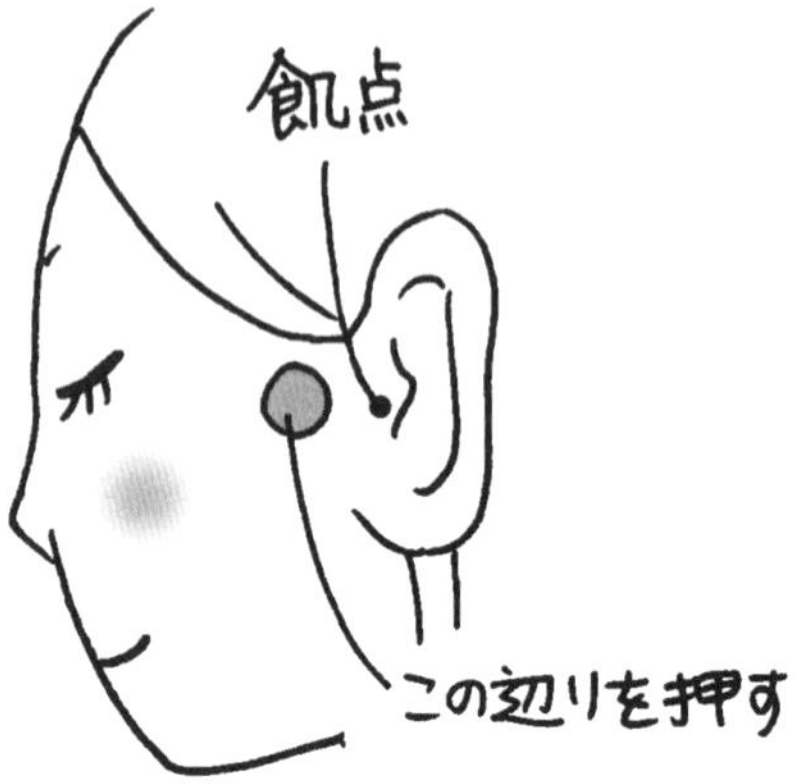

第2章

心の傷に気がつけば、邪気から身を守れる

CHECK TEST

あなたの潜在意識にひそむ「過去の心の傷」をチェック！

過去の傷が癒されぬまま残っていると、ちょっとした刺激で傷を開き、怒りや不安の元となります。そこで、左の項目に答えて、ＹＥＳにはチェックを。その後62ページからの解説を読みましょう。どんな心の傷が残っているかの目安に。

1 流行には敏感、常にはやりのスタイルをキメるのが得意……□
2 ペットにはかわいい服を着せたいと思う……□
3 行列のできるお店は苦手（疲れやすい）……□
4 救急車や踏切の音が、妙に気になる……□
5 スーパーで商品を選ぶとき、賞味期限の遅い奥の方から取る……□
6 普段は穏やかで知性的。でも、怒ると怖い……□
7 ブランド店の紙袋をよく使っている……□

8 アクセサリーは大きく目立つもの、じゃらじゃらしたものが好き……□
9 恋愛関係ではフラれるよりフるほうが多い……□
10 買い物や旅行をするなら、パートナーより母親を連れて行きたい……□
11 浮気は絶対許せない……□
12 美容整形やタトゥーに興味がある……□
13 小さい頃、怖い夢をよく見た……□
14 スケジュールが埋まっていないと不安に思う……□
15 財布は海外高級ブランドにこだわっている……□
16 人助けの記事に涙もろい……□
17 おごられるよりおごるほう……□
18 猫背気味かも……□
19 電車では隅の席がお気に入り……□
20 最近ダイエットがなかなか成功しない……□

「心の傷」チェックテストの解説

1、2を選んだ人……孤独の悲しみ

幼少時に親が多忙で留守がちなど孤独な思いが傷になっていると、常に不安を感じて自分に自信を持てなくなり、ルックスを重視、大多数の意見を取り入れることで安心感を得るようになります。また、ペットを自分自身に見立て、かわいらしく着飾ることで、自信のなさを埋めようとするエネルギーが働きます。

3、4を選んだ人……強い恐怖の体験

犯罪被害や性暴力、震災などの強いショックは恐怖として残り、エネルギーを大量に消費させたり、音に敏感で疲れやすくさせたりします。また、外出させないよう、人と関わらない方向にエネルギーが働きます。

5、6を選んだ人……支配された恐怖

親などから暴力、暴言などで強い支配を受けた怖さは警戒心を強くさせ、潔癖《けっぺき》

症や人の間違いを許せないなどの几帳面さをつくり出します。また我慢が続くと、過去に支配された経験が無意識に浮かび上がり、爆発します。

7、8を選んだ人……ネグレクト・無視・軽視された悲しみ

兄弟間やクラスなどで存在を小さく扱われたり、けなされるなど、ホメてもらえなかった悲しみは、自分自身の軽視につながります。その結果、誰が見ても人気があるとわかるブランド店の紙袋や、見た目に華やかな目立つアクセサリーなどで、自分を守ろうとします。

9、10、11、12、13を選んだ人……親に否定された悲しみ

大好きな両親のケンカに怯《おび》えたり、否定され深く傷ついたりすると、傷つくことへの恐怖を潜在的に持つため、フラれる前にフってしまいます。親とは、純粋な愛情とは異なる偽りの愛情で仲良くなることも。また、親の浮気で家庭がうまくいっていない場合、幼い子どもはそれを直感でわかっているため、無意識に浮気を強く否定します。親に憑いた浮気相手の生霊《いきりょう》が子どもにも憑いて、怖い夢や

おねしょ、夜驚症《やきょうしょう》の原因になることも。親に「ブス」「胸がぺっちゃんこ」など容姿をけなされると、美容整形を望むようになります。また、親にホメてもらえなかった寂しさがあると自分に自信が持てず、強さの象徴でタトゥーを入れたくなることもあります。

14を選んだ人 **学校で感じた恐怖**

厳しい先生や友だちとのコミュニケーションで怖い思いをした経験は、自信をなくさせ、何事にも欠けや不安を感じやすくさせます。

15を選んだ人 **お金に対する恐怖・不安**

経済的に苦しんだ経験が、常にお金に対する不安を感じさせ、「ない中身」をフォローするため、高価な財布でバランスを取ろうとします。お金への執着＝不安が、赤やピンク、ラインストーンなど目立つものを選ばせるようになります。

16、17、18を選んだ人 **後悔・罪悪感**

友だちを裏切ったなどの罪悪感を抱いていたり、自分のせいで相手を傷つけてしまったなど、自分を責めて生きていると、人のために何かをする機会を必要以上に待ち望むようになったり、人助けの記事に涙もろくなったりします。また、自分を責める気持ちが大きな不安を生み、力が入らなくなったおなかをかばおうと、無意識に前かがみの姿勢になります。

19を選んだ人……恋人や友人から深く傷つけられた経験

信頼していた人から深く傷つけられると、自分を周りから隔離しようとする力が働き、隅の席を好むようになります。

20を選んだ人……無理やり離れた人への悲しみ

別れた恋人や、死別してしまった家族など、その深い悲しみを封印したままでいると、涙が残り、体内の水分量が多くなります。体がむくむため、ダイエットの成果が出にくくなります。また、痩せ我慢をしていると痩せにくくなります。

心の傷ができる4つのタイミング

1章では邪気について詳しくお話ししましたが、2章では邪気を引き寄せる原因となる、「過去の心の傷」についてお話ししていきたいと思います。

ところで「トラウマ」という言葉をご存知でしょうか？

これは、元はギリシャ語で「傷」を意味しました。過去のショックな体験が影響し精神疾患を引き起こすものとして、ふだんの会話でもよく出てくるものです。

実はこの**トラウマこそ、邪気を引き付ける大きな原因**です。トラウマによって物事へのこだわりや好き嫌いが生まれ、コントロールできない感情などがつくり出されます。もしこのトラウマをなくすことができたなら、執着の縛りから解き放たれ、何にもとらわれず、快適に夢を叶えていくことができるのです。

しかし、一方では、この**トラウマこそが私たちの個性をつくる、人生になくては**

ならないものでもあります。これがなかったら私たちは感情を持たず、人の痛みもわからない、ロボットのような存在となってしまうでしょう。

人生のある時期に、自分の感情のルーツを知り、心の傷=トラウマに気づくことが、心の浄化を促し人生を羽ばたくための一つのターニングポイントとなるのです。そのため、誰にでも「大きな問題」「ショックな出来事」が必ず起こるようになっています。

心の傷・トラウマというと、「自分には傷などない」という方も多いと思いますが、傷がない人は、この世に一人も存在しません。傷によって感情を知り、性格を形づくるようになっているからです。

では、どのような心の傷があるのかというと、大きくわけて次の4つです。

1　前世で人を傷つけたことによってできた傷
2　胎児のときにできた傷
3　物心がつく前にできた傷
4　物心がついてからできた傷

心の傷は4つのタイミングで私たちの潜在意識に刻み込まれ、これらの傷とともに生きることは、宿命として決まっています。

「なぜ、こんな家に生まれたんだろう」と思う人もいるかもしれませんが、育つ環境に全く問題のない人はいません。極端かそうでないかの違いはあっても、**どんな人にも傷つく出来事があり、克服すべき問題を生じさせるようにできています。それによって、私たちは人の痛みを知ることができる**のです。

困難な環境に育った人ほど、それをのり越えたときに、想像以上の幸せが待っています。私たちは心の傷を背負うことで、人間としての尊厳や繊細さなどを身につけ、愛に出合うための礎《いしずえ》をつくっているのです。

傷つくことを、恐れてはいけません。

幸せと成功を手に入れるには、心の傷は必要

身に覚えのない心の傷は、前世からのもの

ここからは、前項でお話しした4つの心の傷についてそれぞれお話ししていきます。まずは、「前世で人を傷つけたことによってできた傷」。これは、「カルマ」（業《ごう》）とも言われ、今生《こんじょう》で克服する課題。一つの人もいればたくさん抱えている人もいますが、自分の行い一つで一瞬にしてなくすことが可能です。

たとえば、前世で人をだます行為をしてしまった場合、今生ではその同じ相手から傷を受ける立場となり、自分を見つめ直します。**「カルマ」を経験することで、自分の心のがらくたを手放し、自分の本当の光を輝かせることができる**のです。

相談者Aさんは、姑からの嫌がらせを受けて悩んでいました。そこで霊視をすると、中世イタリアの時代に2人とも生きていた過去世がありました。そのとき、Aさんが母親で姑がその子どもと、今とは逆の親子関係でした。経済的に苦しかった

Aさんは、子どもだった姑を売りに出したのですが、そのときの姑の苦しみや悔しさが、今生、カルマとなって現れていました。

このように、私たちは過去世の経験もすべて含めて、「自分」という個人をつくっています。生まれ変わって壁を克服するたびに心の質を上げ、その喜びを魂は噛《か》みしめています。ですから、**どんなに人間関係に苦しみ、つらい思いをしたとしても、「また生まれたい！」と強く感じるようになっている**のです。

Aさんには、「お姑さんはソウルメイトとして魂レベルではあなたのことを応援している」ということを伝えました。その後、Aさんは初めて姑と出会ったときの優しい笑顔がなぜか思い出されるようになり、見方を変えて接していけるようになったと話してくれました。

憎い相手は、あなたを応援しているソウルメイト

心の傷は、胎児のときからできる

「モーツァルトを聴くといい」「子育てはおなかのなかから始まっている」など、胎教が研究されて久しくなりますが、実は、**赤ちゃんというものは自分の入るべきお母さんを空から見ています。**

意識では「こんな親に生まれたくなかった」と思っていても、魂はすべて納得して人生を楽しみに生まれてきています。

魂は、頭のはるか上にある、私たちと宇宙をつなぐ入り口からお母さんの一個の卵子に入り、人間としての記憶が始まります。

ですから、赤ちゃんはお父さんやお母さんがケンカしていることも、仲直りして絆を深めていることも、全部キャッチしていて、おなかのなかで、お母さんの気持ちを「気」で感じています。

よく長男や長女は優しい子が多いと聞きますが、それは初めての子を妊娠した母親の不安を、彼らがおなかのなかで感じているからです。

そんなときおなかの赤ちゃんは、「ママ、大丈夫だよ。私がついてるよ」と、自分たちのエネルギーを母親に注いで助けようとします。そういうやり取りがなされるとき、母親との関係が、他の兄弟よりも密接になります。

つまり、**長男、長女は、母親のアクを一番受け取る役割にもなる**のです。

もちろん、それを引き受けるだけの力があるからであり、本人もそれを宿命として納得済みです。

このように、子どもの宿命というのは、親との関わり方によって、大きく変わってくるものなのです。

✧幼い頃の恐怖体験が、人への恐怖心をつくることも

コミュニケーション障害などと言われ、人と付き合うことが苦手な場合、自分でも記憶のない幼い頃の怖い思いが原因であることも多いのです。そんなときは、自

分の心を見つめてみましょう。

たとえば、親に言われた否定のひと言、友人に裏切られたショック、子どもの頃毎日見た怖い夢、昔住んでいた家などを思い出してください。心に封印されていた過去の怖い思い出がよみがえってきませんか？

一度思い出す作業を行うと、それだけで潜在意識のふたがあき、忘れていた過去の記憶がどんどん浮かんできます。浄化が進めば進むほど、早く思い出せるようになってきます。

刺激を受ける傷が癒されると、不安や恐怖を感じにくくなるので、人への緊張感・恐怖心が消え、あなたの魅力が輝き出します。

気がつけば、何事にも積極的に挑戦できるようになっているでしょう。

人への恐怖心は、過去の記憶を思い出して浄化する

幼い頃についた心の傷は、人生を左右することも

心の傷の多くは、幼少期の環境、特に親や兄弟に言われた無神経な言葉だったり、ショックな出来事だったりを経験することでつくられます。

たとえば赤ちゃんの頃、父親の暴言で母親が泣いていた場面に居合わせたりすると、潜在意識のなかに恐怖体験として刻み込まれ、男性恐怖症になったりします。

また、家が貧しくて母親に「習い事をするお金なんてうちにはないよ！」と強く否定されたりすると、それが傷となって不安を生み、大人になって新しいことにチャレンジしたくても月謝を払うことに躊躇《ちゅうちょ》して踏み出せなかったり、反対に、わが子にピアノ、バレエ、水泳など休みなく習い事をさせたりするようになります。

このように、**幼少期の環境、特に親や兄弟によってつけられた傷は、不安や怒りとなって心のなかに残り続け、私たちの人生に大きな影響を与えます。**

自分の持つ心の傷に気づく一つの方法は、**「反省してもなぜか繰り返してしまい、自分で止めることができないこと」**を見つけることです。たとえば、不安になると相手を責めてしまったり、仕事が続かず転職を繰り返してしまったり、同じような異性ばかり好きになってつらい思いをしたりなど。

「今度こそ心を入れ替えてがんばろう」と思ってもできないのは、幼少期に孤独や暴力などで怖い体験をしていたり、両親の不仲などで感じた悲しい気持ちが心の奥深くに封印されたままだったりしているからです。

このように、**心の傷は気づいてもらえるまで同じ状況をつくり出す**のです。

迷路に迷い込んでいると感じていたら、幼い日の心のアルバムをめくってみてください。そこに、あなたをつらく悲しませていた原因があるはずです。

何度も繰り返される出来事は、心の傷からのメッセージ

大きなショックは、未来への希望を失わせる

「将来のビジョンを持ちましょう」「夢を持つ人は強い！」などと言われますが、それがなかなか思い浮かばない。昔みたいに毎日をワクワクドキドキで過ごしたいのに、全くそんな気になれない……という場合、最近、何か大きなショックを受けた可能性があります。

たとえば、仕事で大きなミスをして怒られた、付き合っていた彼にふられた、親友に裏切られた、見知らぬ人に因縁《いんねん》をつけられた、災害や事故に遭《あ》って大きな被害を受けたなど。

このように、**大きなショックを受けると、「恐怖の感情」が湧き起こります。それはとても大きな傷となるので、それを鎮《しず》めるために大量のエネルギーを必要とします。そのため、自分の未来のことまで気が回らなくなる**のです。

さらに、「外へ行くとまた怖いことが起こるよ」と、脳が活動停止の信号を出すため、何事にも興味が湧かないようなしくみをつくり出します。

それに連動して、幼少期に怖い思いやつらい思いをした過去の体験が潜在意識下で刺激されるので、不安の原因を特定できずに悩んでしまいます。

こうして、心の傷は未来の希望を失わせていくのです。

✧心の傷があると、周りの目が気になる

「試験に合格しなかったら笑われる」「あんまり立派な結婚式にしたくないけど、身内のこともあるし」「夏休みに旅行をしないのは、ご近所でうちくらい」など、**周りの目や評価が気になるときも、過去の心の傷が関係しています。**

たとえば、ある一定の期間、親や先生、クラスメイトに支配的な扱いを受けていたり、心が傷つけられたりする経験があると、自分に自信をなくして、相手のご機嫌をとることや、相手からどう見られるかが重要になり、必要以上に他人の評価が気になるようになってしまうのです。

私たちは一人ひとり、所属するあらゆる集団の中での役割を決めて生まれてきま

す。本来は自分ができないことを人に任せ、得意なことを積極的に担当し、それをお互いに喜ぶことができるエネルギーを持っています。そして、評価や比較というものから離れたところで、自分の意思を優先できるのです。

それができなくなるのは、逆らうことのできなかった過去の恐怖が、心の傷となって残っているからです。

そんなとき、私たちは本当の気持ちではなく、人の反応を軸にしています。つまり「自分自身」を失っています。

こういうときは、邪気に簡単にコントロールされやすく、無意識にネガティブな反応をしてしまったり、邪気の憑いた人とつながったりなど、自分が全く望まない方向へと連れていかれてしまうので、気をつける必要があります。

心の傷は、自分の意思を失わせる

心の傷の取り扱い方とは？

苦しくつらい人生へと私たちを誘う過去の心の傷は、早く癒したいですよね。では、どのように心の傷を取り扱えばいいのでしょうか？

まず、心にとめておいてほしいことは、**どんな傷も存在を認めてもらいたがっている**ということ。

たとえば、飲み会に声をかけてもらえないなど、自分だけ誘ってもらえなかったことが後でわかったとき、とても寂しい思いをしますね。それと同じで、過去の心の傷も存在を気づいてもらえないことに寂しさを感じています。

そんなときは、過去（幼少期など小さい頃）の怖かった出来事、つらく悲しかった出来事を思い出して、ひっぱり出してあげましょう（心の傷を思い出す方法は、88ページに紹介しました）。

傷は深ければ深いほど、意識にのぼらないように心の奥深く封印されています。

つらい出来事を思い出すのは苦しい作業かもしれませんが、**「思って」「出す」ことで、その不安からどんどん解放されます。**

✧存在を認められた傷は浄化する

1歳の女の子を持つN子さんは、公園デビューをしたばかり。なかなか近所のママたちに溶け込めず、公園に行くことがストレスになっていました。

そんなある日、いつものメンバー6人が、親子で連れ立って歩いてくるところに出くわしました。どうやらメンバーの一人の家に集まっていたようです。N子さんは「なぜ私だけ、声をかけてくれなかったの？」と深く落ち込んでしまいました。

N子さんに過去のことを聞いてみると、今までも自分だけ誘われないことが多く、なぜ自分だけ誘ってもらえないのか、原因がわからないと話しました。

そこで、彼女の心を読み解くと、彼女は小学校でいじめを受け、そんな自分を非常に嫌っていました。**人から深く傷つけられた経験は、人に対して警戒心を強くさ**

せます。それが人に対する不信感として、自然にオーラに出てしまっていたのです。

そんなときは、いじめられた悲しみをもう一度思い出すことで傷は癒えていきます。誰でも声をかけてもらうと嬉しいように、N子さんの傷もその存在を認められて、光輝き浄化していきました。

心の傷は、認めてもらうと浄化していく

あなたはどんな幼少期を過ごし、どんなことに傷つきましたか？

つらい出来事を思い返すのは、できれば避けたいことかもしれません。でも勇気を出して、過去の心の傷と向き合ってみましょう。どんなことでもかまいません。思い出すことで、過去に封印されていた感情があふれ出てくることがあります。

感情を認めてあげると、こだわりや偏見がなくなり、すべてをポジティブに受け止められるようになるでしょう。

コンプレックスの原因をつくる心の傷は、思い出して削除する

学歴、家庭環境、ルックスなど、人と比べると抜け出せなくなる劣等感ですが、これは自然に生まれてくるものではなく、親や他人、メディアなどの偏《かたよ》った情報によって、後天的にインプットされるもの。つまり、心の傷そのものです。

美人のほうが得する、大学まで出ないと就職できない、男性は若い女性のほうが好き、などの概念に縛られてしまうのは、その典型です。

また、他人に言われた言葉にショックを受け、その傷がうずいてコンプレックスを引き起こすパターンもあります。たとえば、「起業なんてムリムリ!」「30歳はおばさんだよ」「○○さんと比べると劣るね」など。

私たちは本当は、年齢でも学歴でもルックスでもなく、積み重ねてきた経験や個性が唯一無二のものであることを知っています。

しかし、妬《ねた》みを持つ誰かの何気ないひと言に自信（自身）を失い、その不安に邪気が憑《つ》いてしまうと、本来の力を発揮できなくなってしまいます。

コンプレックスに悩まされたら、**「その情報元や傷（いつ・誰に・どこで・どんな気持ちになった？）」を探ってみてください。**思い出すことができれば、前に進むことを邪魔する不要な情報を削除できたことになります。

あなたを縛り付ける偏ったデータがなくなれば、今よりも、もっともっと自由になります。

劣等感なんて気にならない！

自分のできること・得意なことで勝負がしたい！

そんな無敵のあなたが、キラキラ輝き始めるのです。

自分を縛り付けるデータから自由になる

フラれたときの、正しい心の傷の癒し方

一生懸命やっているのに物事が思うようにはかどらないときは、エネルギーのベクトルが真逆を向いているときです。

たとえば、彼氏にフラれた場合、宇宙エネルギーの流れからいうと、フラれたことを真摯《しんし》に受け止め、反省と感謝をすることで、もっと質のよい人に出会えるようになっています。つまり「フラれる」という負の出来事も、反省と感謝をすることで、ポジティブな事実にチェンジできるのです。

ところが、フラれた相手を忘れたい、復讐したいために、インターネットの出会い系サイトなどで安易に彼氏をつくるのは、宇宙のエネルギーからすると真逆の行為。これではいつまでたっても心の傷が癒えないままですから、再び痛い目に遭っ

てしまいます。

同様に、借金をした場合、借金返済のために新たに投資をして事業展開をしていくのは、宇宙エネルギーの流れからするとマイナスです。しかし、現実と向き合い、ムダ遣いを見直して、少しでも多くを借金返済に充てるように努力をすると、エネルギーが正常に流れ出し、宇宙のパワーがどんどん入ってきて、お金が回り出すようになっています。

このように、**何か問題が生じたときは、そこから目をそらすのではなく、いったん現実に向き合うことで、心の傷は癒えてい**くのです。

心の傷を癒して、心のベクトルを自分に向ける

心の傷は、物事のいい面を見ることでも解消される

「なぜ私だけが親の介護をするの?」「なぜ私だけ昇進できないの?」「私だけいつも愚痴《ぐち》の聞き役。なのに誰からも感謝されず、同情もされず……」

こんな風に自分だけが損しているように感じると、どんどん負のスパイラルに取り込まれてしまい大変です。

しかし、これは自分の純粋な感情ではありません。強い疑いと不安の周波数に邪気が引きつけられた結果、パニックになってしまっているのです。

「人間万事塞翁《にんげんばんじさいおう》が馬《うま》」という話があります。このストーリーは「自分が今直面しているることは、自分の見方によっていいことにも悪いことにもなる。自分でよいと決めることでよいほうへ導かれる」ということを教えています。

実は、この話は、さまざまな場所で引用される宇宙エネルギーの陰と陽の法則を

表しています。

人はリラックスしているときは、試験に落ちようが、鍵をなくそうが、「なんとかなるさ」とポジティブに受け止めることができますが、いったん負のスパイラルに取り込まれてしまうとそうはいきません。「神様に見放された」「生まれてこなければよかった」というところで結論を出そうともがきます。

そんなときは、**物事のいい面を見るように意識を向けましょう。**昇進できないときは、「もっとこの仕事を極めて精通しよう」、資格試験に落ちたときは「徹底的に勉強をやり直すいいチャンスだ！」といったように。

こうして、ポジティブ思考で物事をとらえることは、あなたのオーラを広げて、損を徳（得）に変える錬金術となるのです。

ポジティブ思考は、損を徳（得）に変える

“過去のつらい体験”検索で、心の傷を癒す

潜在意識のなかに封印された過去の悲しみを取り除くと、物事に対するこだわりが消えていきます。

封印された嫌な出来事（つらかったこと、傷ついたことなど、思い出したくないものはすべて）をあえて思い出す作業をすることで、潜在意識から排出され、恐怖心やイライラ、不安感がなくなっていくのです。

夜、布団に入ったときや、入浴のとき、リラックスしているときなど、一人の時間におこなってみてください。決して無理なく、小さなことから排出していきましょう。

1 頭のなかで「怖かったこと・検索」とクリックしてみます。すると恐怖を感じたときのシーンが浮かんできます。

2 そこにいる自分の顔にフォーカスして「怖かったね」と声をかけてあげます。涙が出たり、号泣したりできれば、傷の治りも早いでしょう。涙が出なくても、思い出すだけで傷は治り始めます。

3 つらいシーンは思い出せるのに感情が伴わないときは、つらすぎて潜在意識の奥深くにあるときです。そんなときは「教えて」と何度も自分に聞いてみましょう。

4 他にも、つらかった時期や寂しかった時期に起こったことを「検索」してみましょう。特に、大変苦しい思いをした経験は、心の奥底で深い傷になっています。何度も何度も繰り返し思い出すことで、傷は癒えていくでしょう。

親に傷つけられたことを思い出す際に、「自分の親を悪く言うなんて……」と罪悪感にかられ、嫌な思い出にはフタをしてしまう人もいるかもしれません。しかし、つらかった出来事を思い出すことで、親に対するネガティブな感情が浄化され、明日から笑顔で親に接することができるようになります。実践してみると、「心がラクになった」「今まで気になっていたことが気にならなくなった」という効果を実感できるでしょう。

魂は必要なときに必要なことを思い出させてくれますから、無理に毎日行う必要はありません。半年くらいかけて自分の半生を振り返り、慈《いつく》しんであげてください。

第3章

魔法のプラグで
宇宙エネルギーを受け取る
「浄化の習慣」

魔法のプラグで運の土台づくりを始めよう

私たちは誰でも「魔法のプラグ」を持っていることをご存じですか？

冒頭マンガのなかでも紹介しましたが、ポジティブな世界にも、ネガティブな世界にも自由に抜き差しできて、つながったところのエネルギーがどんどん入ってくるというプラグです。

つまり、**魔法のプラグをポジティブな世界につなぐことができれば、常にいいことしか起こらないようになっています。**

それなのに、多くの人がネガティブな世界につながっているのは、過去についた心の傷がそのままになっているせい。心の傷を癒すことで、ポジティブな世界へとプラグをつなぎ変えることができるのです。

✧心の傷を癒す手っ取り早い方法

2章では、心の傷を癒すために、過去のつらい思い出と向き合い、それらを思い出すことの大切さをお話ししてきました。

しかし、過去のことを思い出すことに苦痛を感じたり、潜在意識の奥深くに入り込んでしまって、どうしても思い出せない人もいるでしょう。

そこで、もう一つの心の傷を癒す方法として、**「清く正しく生きること」**をおすすめします。清く正しく生きるとは、道にゴミを捨てない、電車の中ではお菓子を食べないなど、道徳的なことを守ることです。

一見地味ですが、これは心の傷を癒す近道！　心の中に負のエネルギーがたまると、不安がふくれあがり、邪気を呼び寄せてしまいますが、「前向きで道徳的な生き方」をすると、あなたから放たれる純粋で美しい光が邪気を溶かします。すると、気のパイプの詰まりがとれて、魂からのメッセージ（＝直感）を受け取りやすくなり、自然と心の傷に気づけるようになって、早く傷が癒えていくのです。

〝道徳脳〟が働くと、ポジティブな世界へのプラグがつながる

人間はこの世に生まれてくるときに、他の動物と違う二つのものを、神様から与えられます。それは、**心にたまったガラクタを自分自身で清める〝自浄力〟と、人として正しい道を歩もうとする〝道徳脳〟**です。

自浄力については、前著『もう凹まない傷つかない　こころが輝く自浄力』（弊社刊）で詳しくお話しさせていただきましたが、自ら清める力によって、私たちの執着の元となるストレスを排出させ、クリアな状態ですべてを受け止めることができるようになる力です。

もう一つの人としてよりよく生きようとする道徳脳は、魂に入っていて、意欲や創造力、行動力といった人間特有の思考や働きを司る大脳に直結しています。

しかしネガティブになりエネルギーの低下が長く続くと、脳の活動が一時停止を

要求するため、道徳に関する魂からのメッセージが届かなくなってしまいます。これを打破するために即効力を持つのが、「前向きで道徳的な行動」です。

社会の道徳やルールを守ると、「自分は正しい行いをしている」「世のため、人のために考え、行動を起こしている」という堂々とした気持ちが生まれます。それが自信の元となり、自分をさらに信じられるようになってくるのです。

すると、細胞の周波数が上がり、脳の活動が再開するので、魂からのメッセージが脳に届くようになり、道徳脳が働き始めるようになるのです。

身軽になった心で宇宙エネルギーにのる

プラスのプラグにつながると、心の中にたまっていたストレスやネガティブな思いがどんどん消えていくので、心に重く垂れこめた靄《もや》が嘘のように晴れていきます。心が明るくなると、体重まで軽くなったように感じる人もいるでしょう。

心が軽くなると、私たちは宇宙エネルギーにのることができます。**身軽になった心は宇宙エネルギーの持つ周波数と一致するため共振し、そこに存在するすべてのもの（笑顔、幸せ、お金、健康、豊かさなど）とも同時につながることができるの**

です。

宇宙エネルギーにのれるようになると、いつもと同じ景色を見ているのに、別世界に迷いこんだかのような錯覚を起こすこともあるでしょう。たとえば、ベランダや庭に来た小鳥をみて「かわいい〜」と思ったり、道端に咲く一輪の花になんともいえない美しさを感じたり……。

宇宙のエネルギーを取り込むことは、まさに開運の土台づくりです。宇宙エネルギーにのって、幸せのステージへと駆け上がりましょう。

✧道徳的な生き方が必要不可欠な現代社会

私たちは赤ちゃんとして生まれてきたとき、何ものも恐れずたくさんの好奇心と興味でぐんぐん前へ進んでいくパワーを持っていました。

周りにいる赤ちゃんを見てもわかるように、大人が「触っちゃダメ！」と言っても、好奇心が勝って何でも確かめてみないと気が済まないのです。このように、**人間は放っておくと、「どんどん前へ上へ進みたい」という強い力が働きます。**

ところが、人生の荒波にもまれるうちに自然と臆病になっていき、その動きが急激に減速してしまう時期があります。

それが、36歳前後。本来人間は36歳くらいまでに、結婚・子育て・仕事などの基本的勉強を経験して、自分の軌跡を振り返り反省することで、意義ある人生を送ることができるようになっています。

しかし、現代は仕事環境や生活スタイルが激変し、人生の基本的勉強を終える時期が「あと倒し」になっているのが現状。現代社会が人生システムそのものを狂わせているため、浄化が行われにくいのです。ですから、自分を見つめ直したり、道徳的な行動をするなどして、心の浄化を図ることが必要になってくるのです。

◇宇宙エネルギーは常に右肩上がり

本来私たちは、常に右肩上がりの上昇エネルギーを持っています。しかし、ネガティブな言葉や出来事によって一瞬で下降気味のエネルギーになってしまうのは、エネルギーの向きがそれほど不安定なものだからです。

それはまさに、真ん中をビス1本で止められた木の棒のようなもの。ちょっと押せば、向きをすぐ変えるように、**考え方、とらえ方一つで上向きにも下向きにもなる矢印のようなもの**なのです。

このしくみを知っていれば、減速の時期を恐れることはありません。ただ、いらない荷物を持ちすぎたために、その重さでこの矢印が下向きになっているだけです。矢印がずっと上向きの人は存在せず、誰でも一生に一度は、この調整の時期が来るのです。

100ページからは、誰もが持っている魔法のプラグをポジティブな世界に差し込み、宇宙エネルギーを受け取って運の土台をつくる「浄化の生活習慣」を紹介します。

家で行う習慣、職場で行う習慣、大切な人と一緒のときに行う習慣、いつでもどこでもできる習慣の4つに分けましたので、できそうなものから手をつけてみましょう。一つ一つの生活習慣を見直すことで、右肩上がりのエネルギーに変わり、宇宙とつながることができるようになるでしょう。

好調期

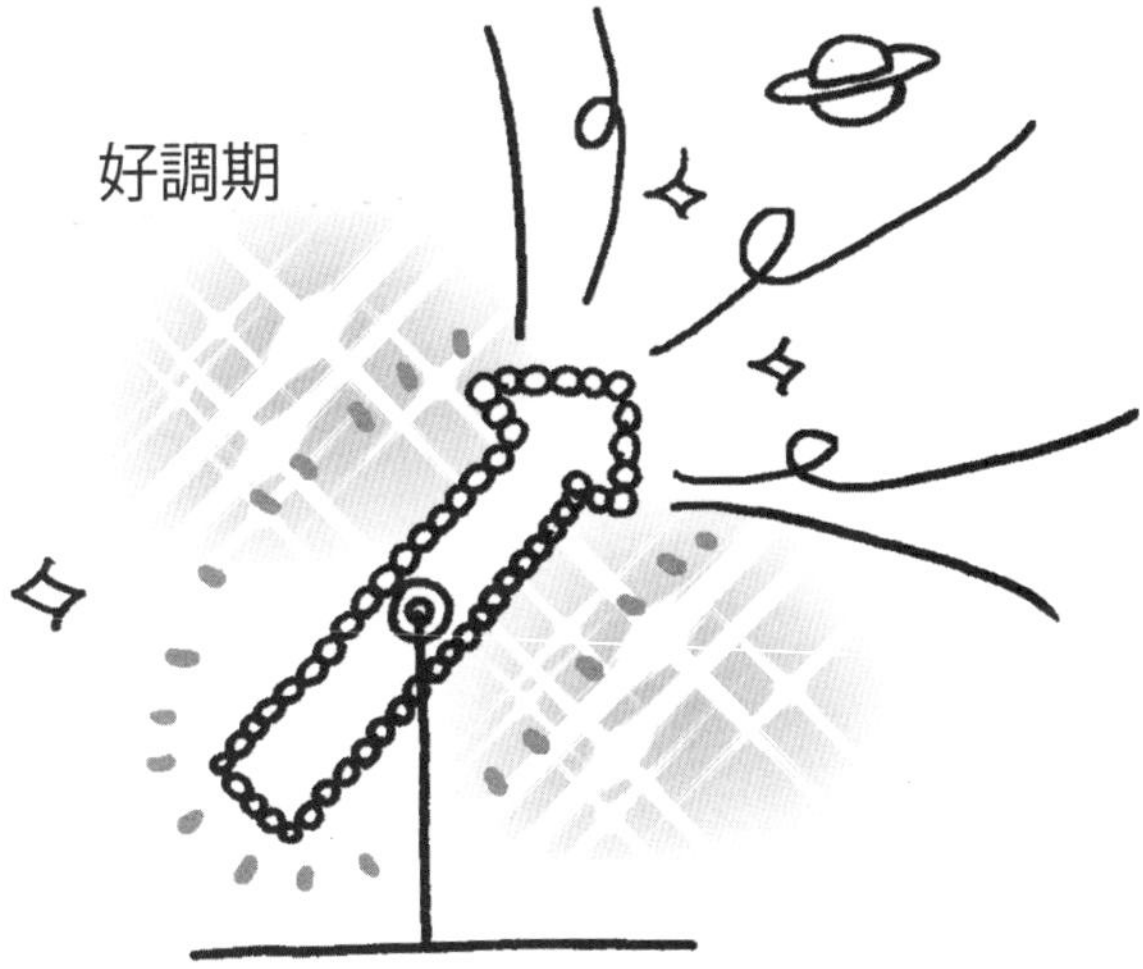

停滞期

家で行う習慣

朝はぶどうジュースを飲む

夜寝付けない、夜中や早朝に目が覚める……。このような不眠の症状が続くのは、人間の持つ体内時計のリズムがずれてしまっているから。これを朝食によって整えていきましょう。

実は、朝食というのは「これから一日が始まります」ということを、脳や体に伝える「スタートのスイッチ」の役割をしています。

朝食は英語で、ブレックファスト＝断食状態を破る、という意味です。人間の体にとって、食物を処理するには大変なエネルギーを要します。そこで、体に食べ物が何も入らない夜の時間にエネルギーを貯蓄するのですが、**「その状態（断食）はこれで終わり！」というサインが朝食です。**脳と体の情報を受け取ったり、処理したりする力が、朝食を合図に動き始め、脳への指令となるのです。

とはいっても、朝食はゴージャスにとらなくても大丈夫。朝食べる気にならないという方は、飲み物だけでもOKです。

そこでおすすめは、紫色のぶどうジュース。糖分が脳のスイッチを入れる役割をするだけでなく、**ぶどうの紫色が頭部のチャクラを活性化させ、思考を繊細に鋭敏にしてくれます。**

これで一日がスムーズに回り始めます。したくないことはしなくて済む、休みたいときは相手からキャンセルが入る、そんな自分優位のエネルギーがつくられます。

こうして、朝のスタートをきちんと始められるようになると、負のエネルギーに巻き込まれにくくなるので、安心感が生まれ、夜になると自然と眠くなるように睡眠も整ってきます。質のいい睡眠がとれるようになると、寝ている間に昼間に消耗した気力を充電して、魂をリラックスさせることができるので、エネルギーも上向きに変わり出すのです。

一杯のぶどうジュースを朝食にとり入れてみましょう。ちなみに、紫色の生のぶどうなら、よりベストです。

家で行う習慣

朝8時までに外に出て、新鮮な空気を吸う

朝の空気は気持ちがいいですね。それは気のせいではありません。朝の空気は特別です。というのも、「邪気密度」が極めて低いからです。

空気中の水蒸気は、昼間の活動時間に地球上に発生した排気ガスなど、私たちの浄化を阻《はば》む物質を閉じ込めて浮遊します。そして、気温が下がるとその水蒸気は水滴となって土に戻り、浄化を受けるのです。

それを手伝ってくれるのが、夜の時間。気温を下げて、これら邪気の活動力を奪い、浄化を促します。そのため、夜が明ける頃には空気が一掃されて、空気中は純粋なエネルギーで満たされます。

つまり、**朝の空気をどんどん吸い込むと、あなたのエネルギーもキラキラに輝き出します。**

ただし、寅《とら》の刻満了時刻＝午前5時までは邪気の時間ですから、それ以降に外に出てください。ウォーキングをしたり、犬の散歩をしたり、玄関の外に出て出勤する夫や学校に行く子どもを見送ったり、ベランダに出て深呼吸をしたりなど、外に出ることができれば何でもいいのです。

早朝ほど邪気密度は低く、また一日をこなすためのエネルギーを最大限取り込もうと、体が機能します。

できれば、朝は6時頃までに起きると理想的ですね。

ちなみに夕方の空気は、紫外線によって質が低下しているので重たく感じます。夕方に外出するときは、夕日に「今日も一日ありがとう」とお礼を言って、がんばった自分をホメてあげましょう。すると、その影響を受けなくて済むようになります。

家で行う習慣

トイレは花や飾りを置かずシンプルに！

トイレを気持ちよく使うために、造花を飾ったり、かわいい雑貨を置いたりしている人も多いと思いますが、これは逆効果！

排泄物とは、負の感情だったり、体の不要物だったりと「邪気」そのものなので、トイレはどんなにキレイに掃除をしても、必ず邪気が存在します。

そのような場所に、波長の高い美しいものを置くと、**不協和音が生じて、エネルギーが乱れてしまう**のです。

また、トイレを汚れたままにしておくと、邪気のたまり場になってしまい、家そのもののエネルギーをのっとられやすくなるので気をつけてください。タオルは湿気を吸って邪気を生む原因になるので、こまめに取り変えることも重要です。

トイレはシンプルが一番！　常に掃除をして清潔に保ってくださいね。

家で行う習慣

使わないコンセントは抜く

テレビ、ビデオ、パソコン、扇風機、電気ストーブ、デスクライト……使わないコンセントは抜く習慣をつけましょう。

現代の生活は、電気がないと成り立ちにくくなってしまいましたが、実は、イライラしやすかったり、怒りっぽくなったりする原因の一つに、電気の使用があげられます。人工的につくり出される電気によって、私たちの生体リズムの元になる気の流れがゆがめられてしまい、不眠症や緊張状態が続いたり、アルコールや甘い食べ物が欲しくてたまらなくなったりということが起こり出すのです。

コンセントは入れっぱなしにしておくと、電気を使わなくても電磁波を発生させていることになるので、なかなかリラックスできません。**宇宙の波動とつながりやすくするためにも、使わない電気は発生させない**ことが大切です。

新聞は神様だと考える

インターネットの普及でデジタル化を余儀なくされている新聞ですが、**紙でできている新聞は邪気を吸い取ってくれます。**新聞を読むと、「また会社か、嫌だなぁ～」など、暗くなる気持ちをやわらげてくれる効果もあります。

読み終わった新聞紙も大変活躍します。湿らせた新聞紙で野菜をくるんで保管するともちがよくなったり、生ゴミを新聞紙で包んで処分すると、臭いや湿気をとることができますね。これは紙が、腐敗などのエイジングを早める邪気や、臭気を含んだ水分を、野菜や生ゴミから取り除いてくれるためです。

他にも、実家や田舎から送られてくる荷物に地元の新聞でくるまれているものが入っていると、それだけで温かい気持ちになりリラックスを生み出します。

新聞紙はあなたの運を開いてくれる神様なのです！

家で行う習慣

疲れているときこそ、夜はお風呂に入る

不要なものを体外に排出するために、夜、お風呂に入るようにしましょう。**皮膚が汚れていると浄化を妨げ、〝怒り・不安になりやすい〟状況を生み出します。**

特に、22時～2時の間は細胞が生まれ変わる時間ですから、その前に垢《あか》を落として、皮膚を清浄に保ちましょう。垢とは、皮膚上の油分に吸着された体内から排出される気の不要物や二酸化炭素を落とすために、皮膚がはがれたもの。

垢には邪気が吸い寄せられているので、デートや飲み会などで遅くまで外出し、疲れて家に帰ってきたとしても、シャワーを浴びたりお風呂に入ったりして肌をキレイにしてから床につくようにしてくださいね。

また、メイクを落とさずそのまま寝てしまうのもＮＧ。その汚れに外部からの邪気が憑き、疲れがとれづらくなってしまいます。

家で行う習慣

コースターやランチョンマットなどの敷物を使う

カップやグラスを使うとき、コースターの上に置きましょう。また、コースターに限らず、何かを下に敷くことは大変重要です。

物質はすべて固有のエネルギー・波動を持っていて見えない壁をつくり、そこに固有のエネルギーフィールドをつくります。ですから、**「置く場所」を決めてあげることで、安定したパワーが生み出される**のです。

さらに、**見た目にも安定することで、私たちをリラックスに導いてくれます。**

ガラスのテーブルなどには、ランチョンマットなどを敷いて、邪気を鎮《しず》めましょう。硬いものがぶつかるときの、音や衝撃などの負のエネルギーも吸収してくれます。

他にも、ダイニングテーブルの下にマットを敷くことで、食のエネルギーをまとめるスペースができあがります。食事中の会話も弾むようになるでしょう。

封書は、すぐに開ける

理由はわからないけどなぜか落ち着かない、というときは、未開封の郵便物がある可能性があります。請求書やDM、公共料金使用量のお知らせなど、毎日のように届く郵便物は割とわずらわしいものですが、**郵便物は神様からの福音《ふくいん》**です。郵便受けからとってきたらすぐに開封して、中身を確認しましょう。

そのままにしてしまうと、無意識に「何のお知らせなんだろう?」という疑問が常にONになるので、それが潜在的な不安をつくり邪気が憑いてしまいます。

この**「すぐ開ける」を習慣づけていくと、入金や返金のお知らせなど、思いがけず嬉しいニュースが増えてくるようになりますよ。**

また、郵便のみならず、支払うべき家賃や公共料金は何よりも先に支払ってしまいましょう。「払う」は「(邪気を)祓《はら》う」につながり、邪気を寄せ付けない立派な土台をつくってくれます。

「まちがいノート」をつける

いつもなら間違えないようなことで間違えてしまった、ここ最近ミスが続く、といった場合は、体がストレスに悲鳴をあげ「お休みさせて」とサインを出している証拠。ゆっくり休養をとって脳の回復をはかればいいのですが、そうもいかない場合は、ミスを極力なくす方向で自信とリラックスを呼び戻していきましょう。

そのために有効なのが「まちがいノート」。ミスをしたり、うまくいかなかったことを何でも記入します。「1分遅刻した」「1枚コピーのミスを出した」などの小さなことも書き込んでください。左ページのように、日付、ミスの内容、原因、再発防止の対策、その日の出来事の項目欄に分けて記入し、ときどき読み返します。

この「まちがいノート」の一番の目的は、〝**いつまでも後悔しない**〟ことです。私たちは失敗をすると、評価や損失にとらわれ、自信を失い、長い間、低いテンションを引きずってしまいがちですが、そこを積極的に分析することで、**「後悔」から、「次はがんばるぞ！」という強いモチベーションに変えていくことができる**のです。

とはいえ、休めるときには、早めに家に帰って休息をとることもお忘れなく。

まちがいノート

月日	ミス	原因	対策	出来事
2/14(金)	両面コピーのはずが、片面だけで、ミスコピー10枚	コピーをとるときに、考え事をしていた	コピー前、枚数・片面か両面かを必ず声に出して確認	学生時代の友人と女子会をした
2/17(月)	朝5分遅刻。朝礼にあとから参加	朝だらだらして電車を1本逃した	月曜日は、気持ち早めに家を出ること	ストールをどこかに落としてしまった

✦「出来事」を書いておくと記憶に残るので、対策を実践しやすくなります。
✦書くことで、脳や体にインプットされ、同じ間違いを繰り返しにくくなります。
✦仕事をスムーズにこなせるようになるので、信頼感が高まります。

表紙をつくることで、よりエネルギーが集まります

ウワサ話、人の悪口には「はひふへほ」で対応

職場にいると、「○○ちゃんって、隣の部署の△△さんと付き合ってるんだって」「○○さんって、仕事できないよね〜」など、ウワサ話や人の悪口に花が咲きがちですが、絶対に禁句です。というのも、**ウワサ話と人の悪口は、非常に強い邪気を含んでいる**からです。

あなたが、魔法のプラグをポジティブな世界につなげたいと思うなら、ここから離れることが必要不可欠です。

ウワサ話、人の悪口というのは、快感を感じさせるホルモンを分泌させるため、一時的にとても気持ちよくなるものです。

しかし、それは邪気によってさせられているものなので、あとで冷静になったときに必ず嫌な気持ちになります。それが「後悔」となってあなたに重くつきまとうようになってしまいます。

職場という、利益を追求する側面のある空間では、人との比較、リストラ、異動の危機など、不安要素があふれています。

そんな中で、私たちは常にストレスを感じていますから、その排出がうまくいかないと、他人を陰で批判したり、仲間外れにしたりすることで、ストレスを発散する人も出てきます。

そういう人ほど邪気にコントロールされていると思ってください。また、自分がウワサ話や人の失敗談に興味を持つときは、とても疲れているときだと思って、とにかく休養をとるようにしましょう。

かといって、人の輪の中で自分だけ話に加わらないことも難しいものです。そういう時は、「はひふへほ」と笑顔で邪気をよけましょう。笑顔で**「ははは」「ひ〜」「ふ〜ん」「へぇ」「ほぉ」**と言っていれば大丈夫！

自分がされて嫌なことは、人にも絶対にしない――これが宇宙に愛される大原則です。

職場で行う習慣

社内履きは、シンプルで上品な黒を選ぶ

オフィスで履く社内履きは、履きやすさにこだわりデザインを重視しない人も多いでしょう。しかし、靴の選び方はとても重要です。どんな靴を履くかによってあなた自身のバランスを表すからです。**バランスがとれると、「安定感」を生み、それが自身の「安心」さらに、「リラックス」につながります。**

人は見た目が安心できる相手に信頼を寄せます。信頼関係ができると負のエネルギーが生まれにくくなり、仕事の効率や完成度がより高くなります。「ＴＰＯ（ときと場所、場合に応じた使い分け）が大事」と言われる由縁はここにあります。

ですから、**社内履きはシンプルで服に合わせやすく、脚が美しく見え、歩きやすい、少しかかとのあるものを選びましょう。**くたびれてきたら取り替えます。

また、もしあなたが、柄ものやカラフルすぎる服、露出の多い服を選ぶとき、冬場であればブーツのまま仕事をするときなどは、ストレスがたまっていて、排出すべき負の感情がいっぱいになっているよ、という魂からのメッセージです。

自分に自信をなくし、負の感情でいっぱいになると、職場で必要以上に外見をアピールしたくなるのです。

そんなときこそ、少しくらい値が張っても、上品で見た目に美しい社内履きを履きましょう。

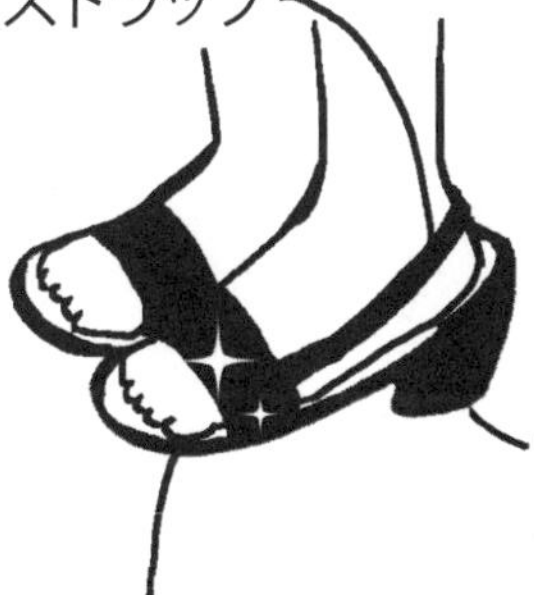

通気性に優れた呼吸のできる本革、どんな服にも似合う黒色、安定感のあるヒールで、歩き姿が美しく見えるシンプルな靴を選んでみましょう。

靴はあなたを支えてくれるもの。足元に気を使うことで気を安定させて、仕事の潜在能力を引き出しましょう！

会社では携帯の充電をしない

職場でプライベート使用の携帯を充電していませんか？

充電しているということは、電気代がかかっているということ。**労働の対価としてお給料をもらっている職場で、与えられた時間や物を私用に使うと、それが罪悪感となり、邪気を引き寄せます。**

また、〝バチが当たるかもしれない〟と言う恐れを潜在的に抱えることになるため波動が下がり、実際に、いい仕事を任されない、部署異動の希望を聞いてもらえない、減給になった、などのマイナスの出来事が起こります。

他にも、仕事中に私的な飲み会の場所をネット検索する、私的なプリントアウトをする、会社の文房具を私用で使うなども罪悪感を抱える原因に。

「みんなやっているから」「これくらいなら……」という気持ちは捨てて、細かすぎると思うくらいに気をつけましょう。

職場で行う習慣

相手に話しかけるときに、名前を呼ぶ

コミュニケーション能力・EQ（心の知能指数）の高い方の共通点は、人に話しかけるときに名前を呼ぶことです。「○○さん、おはよう」「○○さん、この書類をコピーして」など。**名前は個人のエネルギーそのものを表すので、呼ぶことでその存在を認め、お互いのエネルギーを高めます。**

ですから、名前を呼ばれると、相手に対してオープンな気持ちになり、お互いの信頼度がアップします。

信頼関係ができると、クレームや疑問点をポジティブな表現で伝えやすくなるので、より完成度の高い仕事が期待できます。

日本は欧米とは異なり、むやみに名前を呼ばないことが美徳とされる風習もありますが、毎日顔を合わせるからこそ名前を呼びましょう。そのひと言がリラックスを生み出し、笑顔あふれる職場になるでしょう。

職場で行う習慣

来た仕事はすべて、神様からのプレゼントだと思う

希望する会社に入れなかった、想定外の部署に異動になった、自分ばかり仕事が多い……こんなとき、理不尽さを感じることも少なくありません。

しかし、この世で起こることに、ムダなもの、不要なものは一つとしてありません。起こる出来事は必然なのです。自分のところに来た仕事は、すべてあなたのために神様が与えてくれたプレゼントです。

希望しない仕事に就くこともありますが、それも魂がもともとセッティングしていたもの。**与えられた仕事は何でも受けてみることこそ、成功への最短・最速の近道**です。嫌な仕事ほど、あなたを魅力的な人に輝かせることも多いのです。

つらく苦しくても、目の前に与えられたことを、まずは一生懸命取り組めば取り組むほど、素晴らしい人との出会いがあるのも宇宙の法則です。

かかってくる電話は福の神と考え、率先して取る

職場にかかってきた電話は積極的に取りましょう。

仕事に集中しているときに電話がかかってくると、仕事が中断されたり、やることが増えたりしてつらいものですが、だからこそ、**誰もが嫌なことをあえて率先して努めることで、神様が大きな力をくださいます。**

あなたにまだ肩書きがないのであれば、誰よりも早く電話を取ってみましょう。かかってくる電話、メール、郵便物はすべて福の神。次のステージに行くための手形を渡してくれています。それらを避けるか、喜んで受け取るかで次に待っているステージが変わってきます。

また、**電話を取るときは、口角を上げて神様とお話しするつもりで。**あなたの声が光となって社内を明るくするとき、魔法のプラグはポジティブな世界につながり、宇宙エネルギーを取り込めるようになるのです。

お店では〝スーパー上座《かみざ》〟を譲ってあげる

友だちと一緒にレストランやカフェに入るときは、相手を上座に座らせてあげましょう。

上座というのはお客様をお招きするときの一番のおもてなしの席。そこに座る人をリラックスさせて、その人の持つエネルギーを最大限に発揮させる場所です。特に、**①入り口やトイレ、喫煙席から離れた席、②壁際の席、③窓に面していない席、④角の席、**この４つの条件が奇跡的にそろった席を〝スーパー上座〟と呼びます。

私たちは日常的にエネルギーを放っていますが、**疲れているときに〝スーパー上座〟に座ると、エネルギーの放出を最少限に抑えられます。**

窓際は一見よい席に見えますが、体調が優れないときは、オゾン層を抜けて届く太陽からの有害な波動が体力を消耗させます。

それに、少し薄暗いほうが落ち着くもの。そんな素晴らしい上座に相手を座らせてあげることで、「譲ってあげた」という高質なエネルギーが、あなたを元気に、笑顔にしてくれるのです。

グループなら、一番お疲れの人にこの上座を譲ってあげましょう。

家族ならお父さんに。外で働くお父さんの気がいいと、家族すべてがよくなります。

また、できたてカップルなら上座に座るのは女性。女性がリラックスすることで会話が盛り上がり、緊張感がほぐれやすくなります。

もし、一人でカフェなどに入る場合は、上座の条件に近い席を見つけて座りましょう。エネルギーの回復が早く進みます。

大切な人と一緒のときに行う習慣

プレゼントをもらったら、ひたすら感謝

彼氏の条件に「お金持ち」という項目を設定していると、宇宙エネルギーとつながるのに時間がかかるかもしれません。焦りや不安を持ったまま**数字を追いかけてしまうと、必ず道に迷うようになっている**からです。幸せになりたいと思ったら、まずはじめに、年収、年齢、順位などの「数字への執着」を手放すのが正解です。

また、お金のエネルギーは払った人に恩恵があるしくみになっているため、彼に買ってもらったダイヤの指輪は、彼の笑顔のために働きます。

彼におごってもらった高級レストランの料理も、あなたが、「得しちゃった!」と損得勘定で考える間は、あなたのエネルギーを奪っていくように働きます。

何かをプレゼントしてもらったら、相手の気持ちを思いやって「こんな私を愛し、支えてくれてありがとう」と感謝しましょう。すると、あなたにエネルギーが注がれ始めることでしょう。

体を温める食事をとる

寒い季節はもちろんですが、大切な友人や彼氏との時間を、お鍋料理などのあったか料理で過ごしてみてください。

お鍋や温かい麺類などのスープは、気持ちをリラックスさせ、負のエネルギーを生まれにくくします。仕事でどんなに疲れていても、体が温まると、相手に会えたことやお互いのいいところを素直に喜ぶことができ、相手の言葉をいい意味でとらえられるようになります。

お鍋や麺類ではない場合は、リゾット、スープやみそ汁などを一緒にとりましょう。ポタージュよりも、コンソメ、みそ汁などのさらっとした液体のほうが消化が早いので、エネルギーを取り込む速さがよりアップします。さらに、生姜（チューブの生姜でもＯＫ）をひとしぼりしたら、体がもっと温まるので効果大！

体を温めることは、ポジティブな世界にプラグをつなぐ基本です。

メールの終わりにスマイルマークを！

ラインで悪口を言われた、メールの返信が来ない、文面で冷たいひと言を書かれたなど、傷ついた経験はありませんか？

メールの文面には、その人の不安や憎しみが邪気としてそのまま載ってしまうので、怒りや悲しみの興奮が残っている間は、絶対にメールを打たないことです。

それでも、どうしてもメールを打たなければならないときは、スマイルの顔文字をつけましょう。相手とケンカをしたとき、気まずくなったとき、めんどくさいなぁ〜と思ったときなどに、**スマイルの顔文字をメールの最後につけると、邪気がそのまま相手に伝わることを防ぐだけでなく、キラキラの波動が、必ず相手の邪気を溶かしてくれます。**

もちろん普段の何気ないやりとりにも、たくさんスマイルの顔文字を使いましょう。「ありがとう」「嬉しい」などの波動の高い言葉を入れるのもおすすめです。

イラっとする家族ほど、「一日一ホメ」を徹底する

あなたは身近にいる人をホメていますか？

ホメるというのは、相手の存在を認めることです。ホメられた相手は、認められたことで、初めて自分の存在を認めることができるようになり、それによって、人のいいところも悪いところも、すべてを認められるようになっていくのです。

いつもケンカばかり、否定されてばかりという人ほど、身近な家族をホメましょう。自分に冷たい態度をとる家族をホメることは少し勇気が要りますが、どんなことでもかまいません。「その洋服ステキ！」「洗濯物をきれいにたたんでくれてありがとう」など、一日一ホメを目標に。

人や物事のいい面を見るようにすると、神様があなたに大きなパワーを与えてくれるので、思いもよらぬところでラッキーを受け取れるようになるのです。

「なんか気になる！」を実行する

気になるものは、あなたの「気」、つまり、エネルギーになるもの。**「なんか気になるなぁ～」と思ったら、それは魂からの要チェックサイン**です。

出勤途中にある細い道がずっと気になっていたM子さん。お昼休み、一人でその道に入ってみると、奥に小さな神社を発見しました。その日から、時間をつくっては、都心の高層ビルの隙間にひっそりと佇《たたず》むその神社にお参りをしていたところ、よい転職先が決まり、周りに惜しまれて退職することができたそうです。

また、近所に新しくできたカフェがなんとなく気になったので、思いきって入ってみたところ、居心地のよさに頻繁に通うようになり、そこで知り合った男性と結婚が決まった、という人もいます。

このように「気になる」ことは自分に活力を与えてくれるもの。時間を見つけてぜひ実行してみましょう。

さらにもう一つ見逃せないことがあります。

それは、**「なんか気になる！」を放っておくと、ペンディング事項となっていつまでも私たちの心に残ってしまい、次の段階へ進みにくくさせてしまう**ことです。

ペンディング事項をクリアにしてみると、必ず新たな発見があることに気づくでしょう。

過去に、失敗して責められた経験を持つ人は、「失敗したらまた怒られる」という思いから、新しいこと、未知のことに対して警戒心が強くなるので、この「なんか気になる！」を始めにくいものですが、気になったことは魂からのメッセージですから、恐れず実行してみましょう。

起こることに、ムダは一つもありません。

先が見えないけれど心の声に従ってみる――その結果、嬉しい体験を積み重ねることで、宇宙エネルギーがもっともっと集まってくることを実感できます。

物に名前をつけて、かわいがる

素敵なステーショナリーや食器などを見つけると、とても嬉しい気持ちになって、モチベーションが上がりますね。

その「嬉しい！」という気持ちは、大変高質で繊細な光を放っています。彼からネックレスをプレゼントされて「かわいい！」「嬉しい！」とあなたが思ったなら、彼だけでなく、ネックレスも同じように喜んで、あなたをもっとキレイに見せようと働き始めます。

この世に存在するものには、すべてに〝人格〟があります。ですから、**人と同じように名前をつけてかわいがってあげると、お互いをつなぐパイプができて、気持ちが伝わるようになります。**

たとえば、お気に入りのペンに「めいちゃん、今日もよろしくね」、パソコンの電源を切るとき「アンナちゃん、今日も一日ありがとう」、住んでいる家に「れいちゃん、雨風から守ってくれてありがとう」、車に「ほのかちゃん、渋滞つかれたでしょう、楽しかったよ」というふうに。

彼らは必ず聞いていますから、あなたが大切に扱ってあげると、嬉しいエネルギーで満たされ、もっともっとあなたを、そして、あなたの大切な人たちを輝かせようとしてくれるようになるのです。

反対に、粗末に扱って放りっぱなしだったり、「この柄嫌い〜」「なんか気に入らない」と言いながら使ったりしていると、物は悲しい気持ちになります。

その結果、物のオーラが縮まり、あなたに入ってくるよいエネルギーが減少するので、使い終わったらお礼を言うといいでしょう。

いつでもどこでもできる習慣

ネットを使って、元彼を検索しない

別れた彼がどうしているのか知りたくて、インターネットやフェイスブックで検索した、という経験はありませんか？

彼が今どこで何をしているのか知りたい気持ちはわかりますが、元彼を検索したいと思うときは、エネルギーの循環が低下している状態です。

なぜなら、**興味本位で検索するのは、人を詮索《せんさく》することと同じで、邪気がさせていること**だからです。その行為は、非常に低い波動です。そのようなときは、あなたを苦しめる人や詐欺《さぎ》など波動の低いものとつながりやすくなるので、ネット検索することはやめましょう。

それに、別れた時点でお互いの波動が合わなくなっているので、もう会う必要はないということです。仮にネットで連絡を取り合いよりを戻したとしても、以前と同じ結果になるか、さらに困難なことが起こってしまいます。

また、ゴシップ記事を読みたくなるときも、波動の低いときです。人の不幸に興味を覚える、人のよくないウワサが気になるというのは、まさに自分が不安でいっぱいになっている証拠。プラグがネガティブな世界につながっていると、ゴシップの低い波長とよく引き合い、負のスパイラルに巻き込まれてしまいます。

一方、高質なエネルギーで満たされている人は、ゴシップ記事を読みません。読まないのではなく読めないのです。

人のよくないウワサ、不仲、倒産、借金、不倫……それらの持つ波動はとても低く、邪気が憑いています。そのため、雑誌・新聞そのものから出ている邪気を敏感に感じ取ってしまうのです。

宇宙につながると、低い波動のものは手に取れなくなります。波長があまりにも違うため交われなくなるのです。

メールマガジンなどで配信される、ゴシップ寄りのタイトル記事なども、書いている人の不安をもらってしまうので、読まないほうがいいでしょう。

お金のベッドにふさわしいお財布を選ぶ

お金の流れを呼び込みたいなら、お金のエネルギーを知りましょう。

そこで、お金のおうちでもあるお財布に、ひと工夫を。私たちは睡眠時に布団のなかでエネルギーチャージするように、お金もお財布のなかで安心することで、そのパワーを強化していくからです。

お金の安心にふさわしいお財布の選び方は次の3つです。

1　すれたり、よれたり、はげたりしていないこと

見た目が疲れているお財布は、お金がゆっくり休めないので、お金のエネルギーも消耗してしまいます。1年ごとを目安に新しいお財布に替えてあげると、お金も喜びます。たとえば、月1000円くらいずつ貯金をして、年に1回約一万円相当のお財布に買い替えたりできるといいですね。

2　茶色や深緑など落ち着いた色を選ぶ

お財布を選ぶとき、赤、ピンクなどカラフルな色や派手な柄は避けましょう。お金が落ち着かず休養がとれないと、出て行ったきり帰ってこなくなります。

おすすめは、茶色や深緑などの落ち着いた色。青は冷やすエネルギーをもっているのでお金が凍結してしまいます。また、お札が直接入る部分は、もっとも高価な一万円札と色味が似ている色や柄を選びましょう。

3　日本製のお財布を使う

日本のお金と外国のお金は、その文化や国民性によってエネルギーの回り方がまったく異なります。海外旅行で買ったお財布やおみやげでもらった海外ブランドのお財布などは、お金が遊びなどで外へ出て行きやすい流れを持っているので、お金がとどまりにくくなってしまいます。

ただし、海外ブランドのお財布であっても、日本の紙幣が入る大きさだったり、カードを入れる場所が多すぎなかったりなど、日本のお金習慣に対応しているものなら問題ありません。

六曜を意識して、宇宙の波にのる

カレンダーの大安や仏滅などを、気にしたことはありますか？

これらは六曜といって、中国の五行に基づく時刻の吉凶占いからきています。

「結婚式なら大安」「お葬式は友引を避ける」など、風習の一つとして考えられていますが、**地球における気のバイオリズムを表していて、人間のみならず、天気、動植物などすべてに大きく影響を与える「宇宙の風」を意味しています。**

特にストレスがたまりやすく排出されにくい日本の社会形態では、六曜を意識して生活することで、上手に宇宙の波にのることができ、最小のパワーで最大の結果を引き出すことに大いに役立ちます。

大安……よい気に満たされるとき。終日リラックスできるため、楽しいことはさらに楽しく、苦しみは最小で抑えられる。初めてのことをするときや、休暇願い・謝り事・お願い事などはこの日に伝えるとよい効果が出やすい。

先勝……午《うま》の刻、つまり13時くらいまでは、よい気に満たされている。13時以降は「気が抜けて」くるため、慣れない作業、危険を伴う作業などは午前中に。午後のルーティーンワークは再確認しながら。

先負……先勝の逆。13時以降から、引き締まる気が流れ出してうまくいく。

友引……よくも悪くも人の影響を受けやすい日。講習会、セミナーなどに出かけ、身になる話を聞くのは大吉。パーティーなど不特定多数の人に会うと疲れる。

赤口……体の健康に影響を受けやすい日。生ものや古くなったものは食べないようにする。人ごみを避け、ゆったりした気持ちで過ごす。

仏滅……気の圧力がかかる日。知らない場所、初めてのことには慎重に。あまり期待をしないスタンスを。ただし、この日はエネルギーに負荷がかかることで、本来の隠された能力が引き出されるので、一人で黙々とする仕事や、企画・アイデアを練る、掃除、料理などをするには最適。

音を立てない〝静隠《せいおん》〟生活をする

ケンカをしたときドアをおもいきりバンと閉める、腹が立ってリモコンを壁にぶつける、食器を洗うときにガチャガチャ音を立てる、わざと大きな音でくしゃみをする……私たちは、音を立てることで感情を爆発させ、自分の苦しみを顕在化させます。

心が不安定だと、無意識に大きな音を立てたくなるのです。

また、近所の騒音トラブルは音を立てる側と、それが気になる側、双方に調整が必要です。音を立てたくなるときは孤独の思いを、音が気になるときは不安や恐怖の思いを抱えているとき。**音を立てたくなったり、気になりだしたりしたら、自分自身を整える必要がある**と考え、休養しましょう。

お店や会社などのトイレにあるエアータオルや音消しも使用を控えましょう。音を立てない生活をすることで動作に余裕が生まれ、邪気が離れていきます。

いつでもどこでもできる習慣

落ち込んでいるときほど、月の光を浴びる

月の光は神秘的です。太陽は生物が成長するための環境と力を与えてくれますが、**月は生物の内面にある、「生きたい！」という力を育ててくれます。**

ですから、月の光を浴びましょう。

特に今、元気がなくて落ち込んでいるなら満月の光が効果的です。月の放つ物質が、私たちのオーラをつくる物質に高い振動を与えて宇宙とのつながりを強め、新しいきれいなエネルギーを呼び込むのを助けてくれます。

月光浴をするときは、部屋の窓からよりもベランダや屋外に出て、全身で月の光を感じるほうが効果的。時間は1分間を目安に。月の光は、それだけで十分に強いパワーを持っています。心が落ち込んでいるときは、続けてみましょう。薄く雲がかかっているときより、晴れて月がはっきり見えるときのほうが効果はあります。

ゴミを率先して拾う

多くの人が公共の場に落ちているゴミを見て「誰かが拾ってキレイにしてくれるだろう」と素通りしますが、実はゴミとは福の神様です。**拾うという行動は必ずいつかご褒美になって返ってきます。**他にも、車に踏まれてぺっちゃんこになったハンカチや手袋などを踏まれないところに避難させてあげると、こちらも必ず「ハンカチ（手袋）の恩返し」がやってきます。

この世は、ゴミを拾うと運がアップするようにできています。自分が落としたわけでもないゴミを拾うという行為は、「勇気がいること」「面倒なこと」ですが、それに向き合って実行すると心の質が上がる、という魂の法則があるからです。

ゴミ拾いに限らず、「人の嫌がること」「ちょっと面倒くさいこと」にどんどんトライしてみてください。神様は必ず見ています。

いつでもどこでもできる習慣

チョコレートとコーヒーは一日一回

チョコレートとコーヒーは、やめられないという方も多いでしょう。しかし、「最近調子悪いな〜」と感じているのなら、一日一回に控えてください。

問題はカフェインです。**カフェインは、朝目を覚ますのにはもってこいなのですが、ストレスがたまっているときや疲れているときは、ネガティブ思考に傾むきやすくなる**ので、とり過ぎには気をつけましょう。

他にも、緑茶や紅茶、ウーロン茶にもカフェインが含まれていますから、カフェインとは上手に付き合いましょう。

また、コーヒーはできるだけお昼以降に飲まないことも大切。午後は疲れてくるため、邪気を集めやすくなってしまうからです。

口寂しいときは、ノン・カフェインの飲み物や、麦茶などがおすすめです。もちろん内臓を冷やさない常温のお水ならよりいいですね。

魂の記憶を思い出し、宇宙エネルギーを循環！

魂は、過去世で好きなものだけを選んで、今のあなたにセットしています。たとえば、海のそばで過ごした過去世をお持ちの方は、海や魚が大好きだったりします。

そこで、魂を感じるアクションとして、自分の好きなことを思い出してみましょう。

魂の存在を感じると、私たちの心はやわらかくなり、宇宙と太いパイプでつながれ、雄大なエネルギーが流れ込むようになっています。過去世とつながると、自分は単体ではなく、宇宙とつながっていることを体感できるでしょう。懐かしい思いがこみ上げてきたら、それはすべて真実です！

なぜか惹かれるものは？
好きな動物は？
あなたが得意なことは？
何度も見たくなる映画とは？
興味のある仕事とは？
落ち着く土地は？

第4章

どんどんハッピーになる！
神様や見えない力を味方につける
「心の作法」

物事には、必ず陰と陽がある

私たちはネガティブ思考に陥ると、なかなかそこから抜け出すことができませんが、実は物事には100％いいことも、悪いこともありません。**物事はすべて球体でできていて、必ず質の違うもの同士が合わさって初めてエネルギーとして成り立っている**からです。たとえば昼と夜、男性と女性、光と闇のように、必ず対になる何かが存在し、相互に作用しあっています。

私たち人間も、思いやりあふれる面があるかと思えば、一方で欲張りな面もあるなど、必ず正負どちらの面も保有していなければ、輝く命が成り立たないようにできています。

つまり、私たちが八方ふさがりで真っ暗闇と感じるときは、ネガティブな世界の中心地に立っていて、視界がすべて「真っ暗」という状態のときです。ですから見

ポジティブ
ネガティブ
ヒソ
ヒソ
あなたは
どっちに立つ?

方を変える、つまり、自分の立ち位置を「黒」から「白」に移すことで、結果が好転するようになっています。

また、この白と黒は同じ色同士しか引き付け合うことができません。あなたが真っ暗闇の中にいるときは、同じ黒い性質を持つ出来事や人が引き付けられます。しかし、あなたが白い部分で物事を考えようと努力するなら、白い性質を持つ質のよいもの、嬉しい出来事、素敵な人との出会いがやってくるのです。

変えられるのは目の前の出来事でも、相手の性格でもありません。ただ一つ、あなたの思考の立ち位置だけ。つらいことがあっても、その裏に輝く面が必ず存在していることを忘れないでください。

「この出来事は自分に何を教えようとしてくれているのか……」ゲーム感覚で考えてみると、必ず答えが落ちてきます。

そしてどんなにつらい出来事でも、裏側に回れば吉報や奇跡が笑顔で待ってくれているのです。

心の作法の大原則は〝不安を持たないこと〟

どんなに輪廻転生《りんねてんしょう》を重ねた魂でも、今の人生は私たちの意識にとって、すべて初めての体験です。

恋をするのも、結婚するのも、親になるのも、年老いることもすべて霧《きり》の中を進むようなもの。そんな毎日を過ごすことはいつも大変なストレスです。一寸先は闇、誰もが手探りで不安と戦いながら進んでいます。

不安が生まれると警戒心が強くなります。何が起こるのだろう、もしかしたら大変なことになるかもしれないなど、それはあらかじめリスクを予想する知的な本能です。

しかし、必要以上に緊張状態が長く続くと、宇宙とつながるパイプが極めて細くなってしまいます。すると、邪気を引き付け、私たちをネガティブ・ワールドへと引き込んでいきます。

いったんネガティブ・ワールドに入ってしまうと、気の流れが停滞し、血流が悪くなって、脳はお休みモードに。

本来ひらめくはずの解決策やアイデアがまったく入ってこれなくなり、自分や周りを否定する気持ちでいっぱいになってしまうのです。

◇不安をのり越えた先に、必ずご褒美が待っている!

繰り返しになりますが、不安になりやすい人は、過去に深く傷ついた経験を持っています。その傷がついたままの心が新たな不安に刺激され、ちょっとした不安を何倍も大きく怖く感じてしまうのです。不安は霧となって未来を見えなくしてしまいます。

でも、心配はいりません。霧の中にあるものは、あなたが自ら望んできたものだけだからです。

たとえば、リストラの先に待っているものは、自分の能力を発揮できるステージだったり、人間関係のトラブルをのり越えた先にあるものは、素晴らしいご縁だったり……。

結果は見えないけれど、今できることを一生懸命がんばることで、その先に必ずサプライズのご褒美があるのです。ですから、私たちは、霧《きり》（不安）がかかっていることを恐れなくて大丈夫なのです。

心が不安でいっぱいになるときはそのことを思い出してみましょう。**不安の反対は「安心」です。ホッとするなにかを思いつくことで、一瞬にして光の結界が張られ、邪気が離れていきます。**

そこでこの章では、なぜかうまくいかないときに、どう考え方を転換すれば神様や見えない力を味方につけて、ポジティブなプラグにつないでいけるのか、その心の持ち方である「心の作法」をお伝えします。

不安体質の人は、いつも自分を不安に陥れる考え癖がついていますが、そんなときこそ、この章でお伝えする心の作法を思い出してください。

そうすることで、神様や見えない力を味方につけて、自分自身を最強の幸せモードへと導いていくことができるのです。

相手のいい面を、自分のことのように喜ぶ

「何もしていないあの人に、なぜラッキーなことばかり起こるの？」「彼女より絶対に私のほうが努力してるのに……」

一生懸命がんばっている自分と比べて、遊んでいるように見える相手のほうが人に恵まれたり、ハッピーそうに見えたとしたら、自分の人生を恨めしく思いますよね。でも、もしそんな人が周りにいるとしたら、その人は自分以外の力を上手に利用できている人です。

私たちは何事も、自分だけの力では物事を成し遂げることができないようになっています。難関の試験に合格できるのも、勉強をさせてくれた環境があったおかげですし、おいしいものを食べることができるのも、それを獲ってくれた人、育ててくれた人、料理してくれた人がいるからです。

「自分」と「他の人」の力、そして「宇宙」の力のコラボレーションで初めて、一つの物事が成立していくのです。

ツイている人は、自分以外の人の力がいかに大きいかを知っている人です。自分一人では何もできないことを身に染みて実感していて、相手のパワーや長所をいつも素敵だな、と自分のことのように喜んでいる人です。

このような人は、相手を受け入れる高質なオーラで満ちているので、困ったときに手を差し伸べてくれる人が現れます。だから、スイスイと人生を渡っているように見えるのです。

一方「できない、できない」と必死になっていると、誰からもサポートも受け付けられないマイナスのオーラで囲まれてしまいます。

そんなときこそ、人のいい面を見る習慣をつけましょう。すると、あなたのオーラはリラックスの虹色《にじいろ》に輝き、すべてのサポートを受け入れる体制に変わります。

魔法のプラグが宇宙につながれば、もう怖いものなし。あとは行き先をインプットするだけで、神様が目的地へと運んでくれるはずです。

オープン＆ウェルカムの姿勢を心がける

「物事がうまくいかない」と嘆くときは、たいていの場合、動かせないものを一生懸命動かそうとしているときです。意固地になって自分の思いどおりにしようと思えば思うほど、気のパイプが閉じ、心を頑《かたく》なに閉ざしてしまいます。

宇宙のエネルギー法則というものは、必要なものが必要なときに入ってくる、不要なものは自然に出て行く、という最強の流れになっています。

これがいわゆる〝運〟といわれるもので、リラックスして人生を楽しんでいるときにこそ受け取ることができるものです。

そして、運を運んできてくれるのは、周りにいる人たちすべてです。彼らは「福の神」ですから、**福の神たちがいつでも入ってきやすいように、常に自分をオープンにしておきましょう。**

たとえば、大きなガラス窓でなかの様子がわかるお店は入りやすいですが、なかの様子が全く見えないお店は入りづらいものですね。それと同じように、あなたをお店にたとえるなら、お客さんが入りやすいように、あなた自身の失敗談やダメ話も、一つ二つ店先に並べておきましょう。すると、人は心を許して、「あなた」というお店にきてくれるようになります。

また、身なりがみすぼらしかったり、見た目がタイプじゃない人ほど神様に近い人です。外見で判断するのではなく、すべての人を歓迎しましょう。

するとふ不思議なことが起こります。質のよい物事や、自分を啓発してくれる素敵な人に囲まれるようになるのです。あなたの発する「ウェルカム」が高い波動を持つからです。来るものは拒まず、去るものは追わず。自然の流れを信じて、宇宙の風にのりましょう。

夢を叶えたいなら、その夢を心から楽しむ

夢が叶う人とそうでない人の違いは何だと思いますか？

努力？　感謝？　人への思いやり？　道徳や倫理を守ること？

私は以前、神様にこの質問をしたことがありました。すると神様はこうおっしゃいました。

「夢を叶えるのに必要なのは、ただ一つ。**その夢を心から楽しむことだけ**」。

私は、シンプルすぎる答えに拍子抜けしてしまいました。夢というのは今の自分よりずっとかけ離れたところに存在するものなのに、それを叶えるために必要なのが「夢を心から楽しむことだけ」なんて……。

すると、神様は続けてこう言いました。

「夢が叶ったときの喜びや嬉しい気持ちで、あなた自身をいっぱいにさせたなら、

邪気は飛び去り、宇宙とのパイプが大きく開くのです。

あなたと宇宙がしっかりとつながると、その〝嬉しい気持ちの元〟を叶えようと、エネルギーが注入されます。だから、苦労も努力も感じることなく、夢までの道のりをあっという間に進んでいくことができるんですよ。

ただし、一つだけ注意することがあります。それは**夢に不安を持たないこと。**

たとえば、プール付きの豪邸を持つ、総理大臣になる、レストランのオーナーになるなど、どんな大きな夢を持ってもかまいませんが、『でも、どうやってその夢を叶えるの？』『私では、無理だろうな〜』などと、不安を感じた瞬間に、邪気が引き寄せられて、宇宙とのパイプが切れてしまうからです。

つまり、頭に浮かぶことはすべて実現可能。だからこそ、頭に浮かぶのだということを神様は教えてくれたのです。

夢は絶対に叶います！

未来の素敵な自分を喜んであげてください。

落ち込んだときは、「どん底の時期」と割り切る

「こんなにがんばって仕事をしているのに全然上向きにならない」「周りの人はみんな幸せそうに見えるのに、私だけ取り残された気分」。

こんなときは、何もやる気が起きず、人生をあきらめたくもなりますね。

でも私たちは、**人生のなかで「どん底に落ち込む時期」や「人から認めてもらえない時期」というものを自分で設定してきます。**

心の質を上げるためには、弱者の立場から物事を見ることが必須だからです。

また、「誰にも認められないけれど、自分だけは自分を信じてあげる」ということがとても難しいことだけに、そのような状況をつくるように仕組んできているのです。そしてそれらを克服できると、宇宙のエネルギーがものすごい勢いで集まってきます。

裏を返せば、どん底に落ち込んだり、誰からも認めてもらえないといった経験をせず成功しても、幸せを感じにくいということが起こります。苦労をせず成功してしまうと、うまくいかなかったときに不安にとらわれやすくなるからです。「認めてもらえない時期」というのは、最小のエネルギーでやり過ごせるタイミングを宇宙が選んでくれているので、心配いりません。

私たちが輪廻転生のたびに、苦しい人生を繰り返すのは、実に99％の人が、今生で叶える予定でいた夢を叶えられないまま人生を終わるからです。体がなくなって初めて、人生とエネルギーのしくみに気づき、悔やむのです。だから、また生まれたいと切望するのです。

そうならないように、修正のチャンスは何度でもやってきます。80歳でも100歳になっても夢が叶えられる準備を宇宙はしてくれています。

誰にでも、「自分なんか……」と落ち込む時期が何度も訪れますが、**夢を叶えられる人とそうでない人の差は、何度落ち込んでもそれにつぶされずに前向きに生きられるかどうか、**ただそれだけなのです。

億劫《おっくう》に思うときこそ、最初の一歩を踏み出す

神様からとても温かい言葉をいただきました。それは、「神様はすべての人を毎日応援している」ということ。

しかし、「神様は、動いている人にしかエネルギーを与えられない」ことも教えていただきました。つまり、**行動を起こさずじっとしている人には、助けたくても助けてあげられない**のです。

たとえば、リストラにあい仕事を辞めることになった場合、ショックから抜け出せず、家にこもりきりになってしまう人も多いでしょう。

そんなとき神様は、なんとかして元気な心を取り戻させ、仕事に就いてイキイキ輝いてもらいたいと思っています。

しかし、肝心の本人が自分の人生をあきらめてしまい、何の行動も起こさなけれ

ば、仕事に就くチャンスを与えることはできないのです。

✧神様から奇跡のエネルギーをいただくには？

魂は、自分自身が動くようにメッセージを送ることはできます。でも、最後に実行に移すかどうかは、あなた自身にしかできません。実行に移さなければ、神様からの奇跡のエネルギーをいただくこともできないのです。

「歌手になりたいから、オーディションに応募しよう」「元気になってまた仕事をがんばりたいから、たまには外の空気を吸ってみよう」「彼ともう一度仲良くやり直したいから、謝りのメールを送ってみよう」。

その**勇気ある行動が起こったとき、神様は初めてあなたに宇宙の力を送り込むことができる**のです。

物質が動き出すのにもっとも時間とエネルギーを要するのは、「はじめの一歩」。これができたなら、あとは神様におまかせしましょう。いつか必ず願いが叶うそのときを、私たちは笑顔で夢見るだけでいいのです。

今、腕のなかにある幸せを抱きしめる

人は誰でも、不安に押しつぶされそうになったり、人生に光が見えず苦しいときが永遠に続くように感じてしまったりするときがあります。

それは、「〜しなければ今ごろは違ったのに」「〜になったらどうしよう」という過去を悔やんだり、未来を不安に思ったりするからです。

しかし、冷静になって考えてみると、過ぎてしまった過去も、まだ来ていない未来も自分ではどうすることもできません。唯一、自分の手が届くことは、今、このときだけ。つまり、**今をどう過ごすかによって未来はいくらでも変えられる**ということでもあります。

私たちは、本来生まれたての赤ちゃんのように、純粋にこの瞬間を楽しむことができるようになっています。それなのに、過去を後悔したり、未来の不安に怯《おび》えたりするのは、「幸せ」というものは過去や未来の成功のなかにしかない、と勘違いしているからです。

腕の中にウサギのぬいぐるみがあると想像してください。そしてそれをギュッと抱きしめましょう。それがあなたの幸せです。幸せは、未来や過去でなく、今あなたの腕の中に存在しています。それでも不安を感じてしまうなら、それは邪気が見せている幻です。実際には存在しないものに怯えているにすぎません。

私のところには、たくさんの未成仏霊が来ます。みんな、幸せのウサギを抱きしめられずに、過去を悔やみ未来の不安に手を伸ばしたまま亡くなった人たちです。

今をどう扱うかによって未来は変えられます。つらくなったら、心のなかでぬいぐるみを抱きしめましょう。今ある幸せが現れて、安心できるようになります。

浮気は彼からのSOSだと思う

浮気症の彼や夫といると、心を平穏に保つことが難しく、心身ともに疲れてしまいますね。

人間というのはリラックスした状態でいる限り、ひとたび恋愛をしたら温かい家庭を持ち、そこを幸せの拠点としてつくり上げていこうとする前向きな気持ちを持つようになっています。それなのに、なぜ彼らは浮気を繰り返すのでしょうか?

浮気をしている人のエネルギーを見てみると、そのオーラはたいてい赤黒く、ストレスでいっぱい。そして、必ず強い邪気に憑かれています。

こういう場合、常識や理屈が通じない状況なので、話し合いをしても水掛け論やケンカで終わるだけ。結局、傷を負ったまま別れるしかなくなります。

そこでまず、浮気は彼からあなたへのSOSだと思ってください。**「今、心も体**

も大変なことになっている」という叫びです。同時に、このような悲しみを受けるのは、あなた自身の魂からあなたに対して、**「最近、笑顔が足りないよ。自分の気持ちをよく感じてみて」というメッセージ**でもあります。

浮気を繰り返す人の魂とお話をすると、決して望んで他の女性のところへ行っているわけではなく、「本当はこんなことしたくない」と言います。

不倫は道徳ではいけないことなので、魂は基本望みません。しかし、恋をすると快感を得られるホルモンが分泌されたり、脳が活性化したりして大変心地よく感じられるので、自分を認めてもらえない孤独感があったり、気が停滞していて血流がよくないと、それを癒すために、正しい判断ができなくなってしまうのです。

大好きなパートナーに心変わりされるのは、とてもつらいこと。

そんなときは、「あなたのプラグがどこにつながっているか、確認してみて」のサインだと思いましょう。

彼に甘えすぎていなかったか、本当に望んだ結婚だったのか……。あなたの心が整理されれば、必ずいい結果になります。

不倫から抜け出せないときは、心の周波数を上げる

愛おしい思いがあふれて切ない気持ちでいっぱいになる、こんなに素敵な人なのになぜ一緒にいられないのだろうと涙が止まらない……、不倫の恋は、悲しみやつらいことが多い分、さらに感情も高まります。

しかし、パートナーがいるのに他の誰かを求める場合、エネルギーの循環が極めて停滞していたり、プラグがネガティブな世界につながっていることが考えられます。

なぜ、そうなってしまうのかというと、幼いときに、周囲に認めてもらえず寂しい思いをしたり、結婚生活の中でパートナーや嫁《とつ》ぎ先に否定されるような状況下で過ごしたりしていると、自分を認めてくれる人を外に求めてしまうようになってしまうからです。

不倫を始めるときの周波数はとても低く、引き寄せられる相手も同様です。

また、不倫ばかり繰り返す人は、「自分のことがあまり好きではない」という共通点があります。自分を嫌うエネルギーは、強い邪気を帯びていて、あなたを苦しませる方向へと向かわせます。

不倫の恋人の10％は互いの魂の質を高めるために会う約束をしてきた間柄で、その中にはツインソウル（運命の相手）の場合もありますが、それはレアなケースで、90％はソウルメイトではないイレギュラーな出会いです。

ですから、あなたが「よくなりたい」と思い始めた瞬間から、自ずと心の周波数が上がり、相手とは自然に別れる運命になります。

不倫から抜け出すには、積極的に心の質を上げましょう。苦手な人に自分から話しかけたり、ずっと後回しにしてきたことをやってみたりなど、難易度の高いことにチャレンジすると効果的です。

もし、本物のツインソウルなら、いったん別れたとしても、必ず最高の形、最高のタイミングで再会できるようになっています。

根も葉もないウワサを流されたら、自分に魅力がある証拠と思う

クライアントの一人であるH子さんは、小学生の2人の子どもを持つ主婦です。最近倉庫でのパートを始めました。しかし、そのパート先の同じ小学校に通うママ友から、「H子さんは、夫がリストラされて生活が苦しいらしい」「子どもを虐待している」などのありもしないウワサを流されてしまいました。

H子さんは心労でパートを辞め、心に深い傷を負い、近所を出歩くことができなくなってしまったと、相談に来られました。

ウワサになると居づらくなって退職や引越しを選択しがちですが、**実は、ウワサになるのも人生の軌道修正のために、魂が起こしてくれた大事な出来事**なのです。

どれだけ現状を客観視できるか、自分を信用できるか、そして、仕事で成果を上げたり、コミュニケーション能力を磨いたりなどして、悪いウワサをよいものに塗

り替え、結果的に自分の質を上げられるかを試すときなのです。

自分に全く非がないのにウワサになるのは、あなたに魅力があるからだと認識してください。ウワサを流す邪気は「妬《ねた》み」ですから、あなた自身が気づかないだけで、**実はあなたは能力、人気、ルックスなどで、周りから憧れの存在なのです。**

自分を省《かえり》みて、直すところは反省しすぐに改善しましょう。その他の、自分ではどうしようもないこと、自分の対応には全く問題がないことなどは、責めを負う事実がない限り、堂々としていていいのです。

ウワサになる人は優しい人です。だから問題が起こるとすぐ自分を責めてしまいます。いいところも苦手なところも、まるまる自分を好きになってあげて、みんなのお手本になってください。

言いたい人には言わせておきましょう。

堂々とすることであなたの光が輝き出し、あなたに憑いていた邪気は一瞬にして飛び去ってしまいます。

神様は必要なものしか届けない

飲み会に自分だけ声がかからない、異動などの社内情報を聞かされるのはいつも最後、ママ友がいなくて学校の保護者会に行くのが苦痛など、グループの中に溶け込むのが苦手という人も多いでしょう。

でもちょっと待ってください！

ここで問題なのは「情報を知らされなかった自分＝格好悪い」という偏《かたよ》った刷り込みを感じているあなたがいるということ。

「飲み会にいつも誘われる自分でいたいのに」「情報を一番で教えてもらえる私でいたいのに」「ママ友のなかで人気者でいたいのに」……そうでない自分に失望しているということです。

その悲しみはどこから来るのでしょうか？

それは幼少期にあまりホメてもらえなかった場合に、よく起こります。

思い出してみてください。怒られたこと、否定されたこと、そのときの少年、少女だったあなたがどんな表情で耐えていたか。

声をかけられなかった、大事にされていない、必要とされていない、子どもの頃感じたそんな悲しみの涙が、無意識にあふれ出してきたら、その幼い自分に「かわいそうだったね」と声をかけてあげましょう。悲しみの涙が心のなかからどんどん流れ出て、小さなことが気にならなくなります。

あなたに声がかからなかったり、情報が入らなかったりするのは、**それらがあなたに必要ないからです。神様は必要なものだけを届けるようにしてくれています。不要なものを持つとそれだけ力を奪われるからです。**

来るものは拒まず、去るものは追わず——そんな雄大な宇宙の流れを感じてみましょう。

「飲み会で人の悪口を聞かなくて済んでラッキー！」と笑顔になれたら、その瞬間、あなたのプラグはポジティブな世界に差し替わるのです。

焦りを捨てて「待ち」の時間を楽しむ

個人経営でお仕事をしている方からの一番多い相談は、「お客さんが来ないのですが、どうしたらいいでしょうか?」というものです。

このような悩みを持つ人の共通点として「焦り」があります。焦り・疑いの持つ周波数は大変低いもの。「大丈夫だろうか?」「どうなってしまうんだろう?」と、次から次へあなたを負のスパイラルへ落とし込み始めます。

焦りの邪気はあなたの脳の活動を停止させ、うまい儲《もう》け話にのってしまったり、同業他社を誹謗《ひぼう》・中傷するといったヘイトスピーチへとつながります。

低周波で仕事を行うと、低周波のお客さんが来るので、想定外の裁判に巻き込まれたり、裏切りにあったりなどして、事業を続けるのが困難になることも多々起こります。

人生には必ず「待ち」の期間があり、この時期にどう対応するかでその運が変わってくるのです。ところが、このなかなか形にならない時期を焦って過ごしたり、自分の可能性を疑ったりすると、せっかくふくらみかけた幸せを一瞬にして破裂させてしまいます。

また、お仕事が閑散期《かんさんき》というのはほんのいっときです。「このあと、忙しくなるから、今は少なめにして休んだほうがいいよ」という天からのメッセージ。「果報は寝て待て」というように、のんびりすることが、質のいいお客様を連れてくることにつながります。

「待ち」の時間にすべきことは、

① **将来の成功ビジョンを楽しむこと**
② **今、目の前にいるたった一人のお客様に感謝して接すること**
③ **「今で十分」と感謝すること**

の3つです。来たるべきタイミングを楽しみに待っていてください。幸せプラグとつながっているお店や会社には、必ず行列ができるようになるでしょう。

「イヤなこと」は、神様からのメッセージと思う

「あの上司と顔を合わせるのかと思うと、会社に行くのが憂鬱《ゆううつ》」「今の仕事は向いてない」「意地悪をするあの子は大嫌い」。

こんなふうに、「イヤだ、イヤだ」と思っていることは、誰でも一つ、二つはあるのではないでしょうか？

カウンセリングに訪れたT子さんは隣人問題でイライラしていました。1区画に8件の家が建っている建売住宅。小さな子どものいる家は彼女だけで、あとは年代が少し上。何かというと、欲しくない野菜やおかずを持ってくる家、庭にはみだした隣の家の木の枝、生ゴミを前日に捨てる家……。イライラさせられる人たちに囲まれて、彼女は限界の様子でした。

しかし、イライラの原因はどんなときでも「自分の思いどおりにいかない」ことです。こういう場合は、**〝人や物事は自分でコントロールできない〟**ということを意識するだけでかなり楽になります。

ストレスというのは、「イヤだ、イヤだ」と思っている時間が長くなり、それがたまって処理能力が追いつかないという状態です。

しかし、イライラ感が募ると、やがて病気になって顕在化します。ですから、「イヤだ」と思う事柄が、日々のなかに少なければ少ないほど、ストレス・病気を発生しにくいのです。

実は、**私たちが「イヤだ」と思うことは、『イヤだ』が現れるところにあなたの執着がありますよ、そこが今生《こんじょう》の課題だから、もう一度考えてごらんなさい」という神様からのメッセージ**だったりします。

T子さんの場合、幼少期、兄に命令ばかりされ、自分の思いどおりにならなかった心の傷が、ご近所問題で浮かび上がってきました。

あなたの「イヤだ」と思うことは、心の傷とリンクしています。「なぜイヤと思うのか?」分析してみましょう。そこに答えがあるはずです。

負の感情は、実況中継で外に流す

派遣社員のR子さんは、転職先の職場で初日から、先輩や同僚から理不尽な攻撃を受けていました。すべて自分の責任にされる、面倒な仕事や残業を押し付けられる、声を荒げて怒鳴られる……。

でも、やっと見つけた職場なので辞めることもできず、真っ暗な気持ちで毎日を過ごしていました。

彼女のオーラを読んでみると、この職場とR子さんの間に堅いバリケードがつくられていました。「この職場を初めて訪れたとき、イヤな印象を受けませんでしたか?」と尋ねると、「はい、そのとおりです」と言います。以前の職場より時給が下がり、オフィス環境も以前とは異なる女性だけの部署。「本当に、ここで大丈夫だろうか?」と怯《おび》える気持ちでいっぱいだったそうです。

その不安がR子さんを保護しようとバリケードをつくらせたのですが、もう一つとても大事なことがありました。それは、R子さんの心に「この会社、イヤだ！」と思った気持ちが封印されたままだったことです。

そのため、会社を嫌う気持ちが彼女の潜在意識に残り、言葉や表情の端々に職場や先輩、同僚たちを否定する気持ちとなって現れ、知らず知らずのうちに反感を買うようになってしまったのでした。

一度生まれた感情は必ず出口を探します。思っていないふりをすると、永遠にその感情に囚《とら》われることになってしまいます。

そこで、嫌だ、変だ、など負の感情が生まれたら、その気持ちを心のなかで実況中継してみましょう。「この会社はセキュリティが甘い、と思いました」「あの人の服のセンスはいまいち、と思いました」など。

こうするだけで、生まれた感情は納得し、あなたから出て行きます。「負の感情＝悪」の常識から解放されると、まっさらな気持ちで人や場所とおつきあいができるようになります。

恨んでいる相手こそ、応援してみる

もう何年も昔のことなのに、ふつふつと悔しさがこみあげてきて許せない気持ちでいっぱいになり、それが周期的にやってくるといった、激しい怒りが繰り返し起こるときは、あなたがそれだけそのことで深く傷ついている証拠です。

心というのは、いったん傷ついてしまうと、傷の存在に気づいて癒されるまでは、負の感情でしかその痛みを覆うことができません。

それが「恨み」の感情です。つまり**「執念深い人」というのは、他の人より心が繊細で傷つきやすい人**なのです。

もし、あなたが誰かを強く憎むことがあるのなら、まず**傷ついてボロボロになった自分の心を抱きしめてあげてください**。

「私、かわいそうだったね」「○○君、ひどすぎるよね」とそのときのことを思い出して、自分をたくさん慰めてあげましょう。「恨み」の思いは傷口を保護するばんそうこうです。傷に気づけば必要なくなり去っていきます。

次に大切なのが、**恨みの念を飛ばさない**ことです。強い恨みはよくないエネルギーとなって相手の気だけでなく、自分の気のパイプもふさぎます。お互いエネルギーが停滞し、絡み合って一緒にどこまでも落ちていってしまいます。

あなたをそこまで悲しませる相手なら、強力な邪気が憑いているはず。きっと相手もつらくもがいているでしょうから、つながらないのが正解。

憎んでいる相手こそ、「がんばって！応援してる」そう心でつぶやいてあげましょう。ポジティブな思いが、素敵な人たちを引き寄せてくれます。

自分が選んだ答えには、間違いはない

男女問わず、離婚を経験した人の多くが、後悔をしたり、深い傷を負ったまま生活をしています。それは、「離婚はいけない」という偏った常識の刷り込みがあるからです。それに加えて、離婚後に受けたさまざまな中傷や、ときには子どもの悲しむ姿が傷となって追い討ちをかけるからです。

宗教によっては、「離婚は禁止」としているところもあります。しかし、もともとは、離婚そのものを否定したのではなく、**「結婚の中に大きな気づきがある。心移りや経済的事情で簡単に離れる前に、もう一度考えてみよう」**という真理が簡略化された教えなのです。

家族にはさまざまな形態がありますから、誰でも今がパーフェクトなのです。

そこで、離婚によってできた心の傷を消すために次のことをしてみましょう。後悔の呪縛から解き放つことができます。

①「離婚＝悪」という情報が入ってきたときのことを逐一思い出してみる（教会の結婚式で牧師さんに言われた言葉「死が二人を分かつまで……」を聞いて、離婚はいけないんだと思ったときのことなど）。

②離婚したことで経験したつらい出来事を思い出し、「つらかったね……」と自分をなぐさめてあげる（親に嫌な顔をされた、子どもが転校を嫌がったなど）。

③結婚生活がつらかったことを認めてあげる（「あのお姑さんによく耐えたな～」「旦那の暴力、つらかったな～」など）

神様は言います。

「この世に間違いはない。自分が選んだ今の場所が正解」と。

離婚を悔やむ過去につながったプラグを、未来につなぎ直してみましょう。次に知り合う人とは、もう失敗せずに、誰よりも理想的な家庭を築けることでしょう。だって、それだけ大事な勉強をしたのですから。

いい恋愛・結婚をしたいなら〝焦らない〟

多くの女性たちのカウンセリングを受けるなかで、思いどおりに恋愛が運ばない、結婚までたどりつけない、と悩んでいる人ほど、美人で、異性にモテて、自分磨きもがんばっている……いう共通点があることに気づきます。

一見、意外に思えますが、彼女たちは、「がんばってるのに、何でうまくいかないの？」という焦りにかられているのです。ですから、いったん立ち止まって、その焦りを手放してみましょう。

恋愛がうまくいかない人は、子どもの頃、異性とのつらい経験が心の傷となって、男性を近づけさせないマイナスエネルギーを生み出しているケースが多いのです。たとえば、父親、クラスメイトの男子、男性の担任など、異性に意地悪をされたことはありませんか？

そのまま結婚してしまうと、離婚や不仲になりがちですが、異性とのつらかった出来事を思い出して、過去の心の傷を一掃すると、マイナスエネルギーがあっという間に消えます。

また、**「結婚できない」という焦りは、思う以上に大きな不安となり、それが邪気をさらに引き寄せ、負のスパイラルをつくる原因となってしまいます。**

そんなときは、一人でいることのよい面にフォーカスを当てましょう。実際に結婚をすれば、姑との確執や夫の浮気といった問題、子どもが生まれれば時間や経済的制約という不自由さもついてくることが多いもの。

逆に、一人でいることで、「自由、自分のために時間を使える、よけいな心配をしなくていい、複雑な人間関係を抱え込まなくていい」などのメリットが必ずあるものです。

こうして、「結婚してもしなくてもどちらでもいい」と思えるようになると、その思いがあなたをリラックスさせ、素敵な王子様のいるステージへといつの間にか連れていってくれるのです。

家族は魂を磨き合う最強メンバー

母親との確執、親子間のトラブル、顔を合わせれば文句ばかりの兄弟たち……家族に問題が起こるときは、家族のエネルギーが停滞しているときです。

そんなときまず知っておいてほしいことは、家族のメンバーは前世でも一緒にいた、必要不可欠な間柄であること。過去世でも親子だったり、恋人同士だったりして、今生《こんじょう》での再会を約束して生まれてきています。

問題を抱えるのは、お互いの魂の質を高めるため。今生でうまくいかない場合、来世でもまた一緒になり、問題を解決するまで磨き合います。

ですから、**魂レベルでは誰よりもお互いを信頼していて、お互いの潜在能力を知り尽くしている、絶対に笑顔になれる〝最強メンバー〟**なのです。

そのなかでも「今の状況を何とかしなきゃ……」と思ったあなたは、家族でも一番、魂レベルが高い人。家族の停滞したエネルギーを、笑いと幸せが循環する「ゴールデンサークル」に変える能力を持って生まれてきた貴重な存在です。

◇ゴールデンサークルを最短でつくる4つの言葉

ゴールデンサークルのパワーをマックスに変えるために、家族に次の魔法の４つの言葉をかけてあげましょう。

「おはよう」
「いってらっしゃい」
「おかえり」
「おやすみ」

返事がなくても笑顔で続けます。すると不思議なことが起こります。愚痴《ぐち》ばかりの母親の表情が明るくなって元気になる、夫が早く帰ってくる、子どもが素直になって成績が上がる……。

あいさつは、どんなに強い邪気も一瞬にして払いのける最強の魔除けとなります。

家族の気は一本でつながっている

実は、家族の「気」は、おへその下の丹田を通し、一本でつながっています。家庭は浄化とパワーチャージの場所。また、今生での学びを受けるところなので、家族みんなで連帯責任があるようなイメージです。**一人の気が詰まればみんなが詰まり、誰か一人がよくなれば、みんなもどんどん詰まりがとれていきます。**

特に、子どもは親を助けるために生まれてきています。ですから、子どもだからと思わずに、みな一人ひとりがすばらしい能力を持っていて、それを発揮する力があるんだ、ということを信じることで、問題は一気に解決します。

また、家族と一緒の時間は、携帯はオフに。携帯に気をとられるとエネルギーが分散し、一人ひとりの持つ能力を高められなくなってしまいます。お互いのパワーを高め合い、最強の力を発揮できるゴールデンサークルをつくってください。

※家族のパワーは連帯責任！
（同じ家に住んでいる家族）

支払ったお金は邪気を落としてくれる〝厄《やく》払い〟

今の時代、悪質な営業や振り込め詐欺、架空投資話などが、ゴロゴロしていますが、このような事件に遭《あ》うときには共通点があることが多いのです。それは、

1　親がお金に不安を持っていた
2　お金に関する何らかの心の傷を負っている

親から「お金がない」「お金さえあれば」という言葉を浴びて育っていると、どんなに恵まれていても潜在的に不安が存在し、「これでは不十分」「もっと必要」という焦りに支配されてしまいます。

このように、**お金に対して何らかの不安をもっていると、さらにお金が流出していく事態が起こります。**そのことで神様は、「お金に不安を持つとこうなるんだよ」と、お金に対する偏見をくつがえさせようとしてくれているのです。

そのことに気づければいいのですが、たいていはよけい不安になるので、さらにお金が離れていくことになってしまうのです。

神様は言います。

「お金は幸せの周波数を持っています。幸せな人のところに集まるようになっています。だから何も心配しないで、今日一日、無事過ごせることを笑顔で感謝していればいいのです。そうすれば必要な分、必ず入ってくるのです」

ですから、**支払ったお金は「厄払い」と思いましょう。**

だまされた、なくした、貸したまま返ってこない——これらはすべて、あなたの厄を落としてくれています。後から必ず何十倍にもなって戻ってきますから、安心してください。そう考えることで、お金が持つ幸せな周波数に近づきます。

恨まず、責めず、どんな幸せがやってくるのか楽しみに待っていましょう。

宇宙のお金のめぐりにのれば、楽しんでお金を受け取ることができるようになるはずです。

天職は、必ず一つ用意されている

「就職活動がうまくいかない」「仕事が長続きせず転職ばかり」「残業、人間関係などがイヤでイヤでたまらない」。もしあなたにそのようなことが起こるとき、それは魂からの応援メッセージです。

仕事というものは、日々の中で多くの時間とエネルギーを費やすもの。その付き合い方、在り方によっては、幸せになるかそうでないかを端的に分けてしまうことがあります。

そこで仕事で行き詰ったときは、次の問いを自分に投げかけて、自分の心の声を聞く習慣をつけてみましょう。

「本当にその仕事をしたいの？」「常識や世間の評判にとらわれているだけでは？」

「もっと他のことで苦しんでいるのに、それを仕事や上司のせいにしているだけでは？」「苦手だと決めつけて、逃げ出しているだけでは？」

すると不思議と心の声が聞こえてきます。

「実は親が喜ぶからこの仕事を選んだんだ」「本当は起業してみたいんだ」「彼氏とうまくいかなくて、イライラしていただけかも」「先輩に怒られるのが怖くて、気持ちが進まなかっただけ」など、素直なあなたが顔を出してきます。

自分の心の声を聞くことで、今の仕事が好きなのか、それとも違う仕事をしたいと思っているのか、見極めることができるようになるのです。

以前、神様は地上にあるたくさんの半球の穴を見せてくれました。穴の形や大きさ、深さなどはすべて同じです。

「これは天職の穴。すべての人に必ず一つずつ、楽しんで収入を得ることのできるふさわしい仕事が用意されているんだよ」

と神様は言います。その穴をよく見てみると、公務員の穴、銀行員の穴など、人気の職種には何人もの人たちが集まって取り合いをしている一方、入居者のいない穴も寂しそうにたくさん残っていました。

どうしても、世の中のトレンドで人気のある職業に集中しがちですが、**本当は誰にでも一つ、必ずふさわしい仕事が用意されています**。ですから、自分の気持ちを封印せずにきちんと向き合いましょう。

また、長引く不況で、ダブルワークや副業を考えている方が増えています。これは、私たちが本当は何がしたいのかを考えるチャンスを神様がくれているのです。その出自や育った環境の違いから、必ず自分にしか表現できないことが用意されているようになっています。

「フラワーアレンジメントを教えたい！」「ネイルアートのお店を出したい！」とあなたがアクションを起こした時点で、あなたの能力や作品を求めるお客様が必ず現れるようになっています。ですから、自分の心に生まれた気持ちをぜひ形にしてください。私が今の仕事に就く一番最初のアクションは、「毎朝電車に乗らないで済む仕事がしたい！」と強く望むことでした。

もし今、起業への〝想い〟が浮かんでくるなら、強い願いがある限り、それは必ず成功します。「自分の心の声を聞くこと」は、神様があなたに用意してくれた天職を手繰り寄せる、〝幸せの黄色いリボン〟となるのです。

金色の光
私の天職は?
天職の穴

自分の名前のお札で、魔除けをする

つらいことが重なって、自分をあきらめたくなるときは、自分の名前を紙に書いて見つめてみましょう。名前には邪気を飛ばす強力な魔除けのパワーがあります。自分自身を表す名前は、自分という軸を持つことにつながるので、邪気が何よりも嫌がるのです。書き方は、

①大きい紙に書くほうが効き目がありますが、持ち歩くなら縦８㎝×横４㎝程度の紙でＯＫ。厚紙でもコピー用紙でもかまいません。
②できるだけ太く堂々と。毛筆や油性マジックなどがベスト。
③黒色で。ない場合は、紺、紫、青などで。
④ヘタでもいいから自分で書く。

戸籍の名前がベストですが、仕事で使用している旧姓など、普段使用の名前でも効果はあります。へこんだときにすぐ眺められるように、デスクの引き出しやお財布に入れておくといいでしょう。

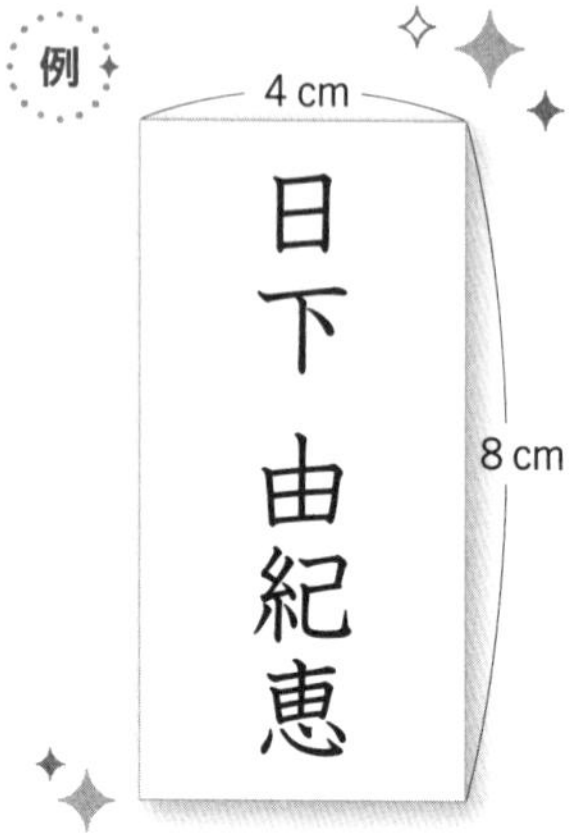

第5章

一瞬でラッキーになる、願いを叶える「浄化の言霊」

悪い妄想を断ち切る浄化ワード

あなたは、話をするとき、美しい言葉を使うように意識していますか？

実は、**言葉は幸せになるために神様がくださった素晴らしいツール**です。実際、落ち込んだときに、誰かのひと言で心が温まったり、元気になったりした経験は誰でもあると思います。このように言葉の力によって、私たちは救われることも多いのです。

一方、言葉は心を深く傷つける刃物にもなります。面と向かってひどい言葉を投げつけられた、メールで誹謗中傷《ひぼうちゅうしょう》されたなどです。

つまり、言葉一つで心を明るくもすれば、暗く曇らせもするのです。

このように、相手からどんな言葉をかけられるかは、私たちの心に大きく影響しますが、実は、自分が発する言葉の力もあなどれません。

たとえば、就職活動をしているけれど面接までたどりつけない、自分の誕生日に彼氏からデートのドタキャンメールが入った、などのショックな出来事が起こったら、「なんでこんな時代に生まれたんだろう。生きているのがイヤだ！」「私よりも大切な彼女ができたのかも？　悔しい！」とどん底の感情にコントロールされてしまうかもしれません。

そうなると、次から次へと悪い妄想で縛られてしまい、どんどん不安がふくらんでいってしまいます。

そんなとき、**悪い妄想を断ち切ってくれる強い味方が「言葉」です。自分自身にいい言葉をかけることで、不安についた邪気は消えていきます。**

そこで、この章では言霊《ことだま》のパワーについてお伝えします。

心にたまったネガティブな感情を浄化するワードをどんどん口にしましょう。浄化ワードを上手に使いこなすことで、魔法のプラグはポジティブな世界につながり、宇宙エネルギーを受け取れるようになるのです。

発する言葉によって、オーラの質が変わる！

みなさんは自分のオーラがどういうものか、気になったことはありますか？人はオーラという光の中に、すべての情報をデータとして映し出しています。ストレスいっぱいの人は赤黒かったり、生きる気力を失った人は白化したサンゴのような固い光になっています。

一方、物事に対し柔軟に対処できる人は、柔らかく繊細で、どんなものも温め、光らせ、笑顔にさせる光を自身の周りにたたえています。誰でも、そんなオーラになりたいと思いますが、実は「美オーラ」は自分でつくれるものです。

私たちは自らの細胞の振動元となる気を自分の周りの空気に与え、エネルギーフィールドをつくっています。これをエーテル体と言い、通常の場合5センチメートルほどの幅を持っています。

思考や行動が起こると、それに対してさらに振動が起こり、エーテル体の外側に大きなエネルギーフィールドである、アストラル体をつくります。ここは通常15センチメートルほど。エーテル体とアストラル体を合わせた空気に現れる振動の集まりでできる光をオーラと言います。

そして**私たちはこのオーラを受け皿として、宇宙エネルギーを受け取っています。**

夢が叶いやすい、とんとん拍子でうまくいく人というのは、オーラの幅が人よりもずっと大きな「美オーラ」の持ち主です。

✧よい言葉で大きなオーラはつくられる

オーラは振動ですから、私たち自身が美しい振動を刻むことで、美オーラは簡単につくることができます。

そこで、美しい振動をつくるものの一つが「よい言葉」です。

すべてのものは固有の波動を持っていますが、**言葉は神様がくださったオーラ調整のダイヤル。**落ち込んだとき、よい言葉を口にするとその振動数が跳ね上がり、邪気を一気に飛ばしてくれます。

よい言葉とは**「ありがとう」「うれしい」「楽しい」「おいしい」「大好き」「やった！」「いいね！」「素敵！」など**。ハッピーな気持ちを表す言葉を使えば使うほど、活発な振動が瞬時に周りの空気を震わせて、オーラの幅を1メートルほどに大きく広げ、宇宙エネルギーをよりいっぱい受け取れるようにします。

特に**「ありがとう」はオールマイティな浄化の言葉です。**「ありがとう」のもとの意味は、自分の存在・心というものは、自分一人ではわかりづらい「在り難い」存在であり、周りの人たちの言動によって初めて浮き彫りとなり、認識できるものになる、というもの。人に対しての感謝の気持ちを再認識する言葉です。

一方、「むかつく！」「うざい」「できない」「わからない」など相手をさげすんだり、可能性を閉ざすような言葉は、ほとんど動きのない鈍重な低い周波数を持ちます。オーラを収縮させ、同周波の未成仏霊や邪気を簡単に引き寄せます。

さあ、今日からよい言葉をどんどん口に出しましょう。さらに、道徳を守ったり、人の嫌がることを率先して実践したりすると、その効果は計り知れません。

宇宙をイメージして誰よりもきれいなオーラを広げてください！

さげすむ言葉……邪気は一瞬で寄ってくる

いい言葉……邪気は一瞬にしていなくなる

アファメーションで願いが叶う理由

「アファメーション」という言葉をご存じですか？

夢を叶えるために、希望を言葉に出して宣言することです。アファメーションを実践すると、なぜ願いが叶いやすくなるのかというと、オーラに希望に満ちた振動が入力されるからです。

将来の輝く自分の笑顔をイメージしながら「なりたい自分になる」と宣言することは、高い周波数で細胞を震わせ、最上級の高質なオーラをつくります。

高質なオーラはとても軽いので、瞬時に天へ上って、宇宙エネルギーの流れにのることができるようになるのです。

ですから、**叶えたい願いは「心のなか」だけにとどめておくよりも、声に出してキラキラの笑顔で宣言してみましょう。**宇宙エネルギーと共振することで、細胞が活性化し、行動を起こしやすくなります。

✧あいさつは先に言ったもの勝ち！

言葉は神様が人間にくれた魔法の一つです。上手に使いこなせるようになると、不思議なほど奇跡を呼び寄せてくれるものです。

そこで、浄化ワードの基本を押さえましょう。それは、あいさつ。**あいさつは、相手に憑いた邪気を追い払う働きがあります。**

どんなに不機嫌でも、前日にケンカをしても、朝起きたら家族に「おはよう」、職場で「おはようございます」と笑顔で言いましょう。たとえ返事がなくても、あいさつによって、確実に相手と自分の細胞に高い周波数の振動を与えるので、最高の結果が訪れます。

学校や会社などに出かける家族には玄関まで見送って、「いってらっしゃい」を。この言葉には、相手に結界を張り、事故や犯罪から遠ざける力があります。

あいさつをした相手に力が働くのはもちろん、先に言った本人にはもっとエネルギーが入ってきます。

最初に何かを率先して行うということは、とてもエネルギーのいることだからです。神様はその勇気をきちんと見ていて、一番に力をくださるのです。

家族が家に帰ってきたら、「おかえりなさい」のあいさつを。この言葉は、外で憑いた邪気を払い、家でリラックスできるようにしてくれます。

就寝前の「おやすみなさい」のあいさつは、これから体と心を充電し、睡眠という浄化活動に入るにあたって邪気から守る結界を張ってくれます。怖い夢を見ないように、よく眠れるように、力が働くのです。

特に、朝や疲れているときは声を出すのもつらいでしょう。しかし**あいさつは先に言ったもの勝ち**です。不機嫌なときこそ「あいさつ」のひと声で、プラグをポジティブな世界に差し替えていきましょう。

◇いいエネルギーを瞬時にブロックする否定言葉

幸せになりたいなら、絶対に否定言葉は使ってはいけません。否定言葉とは、「〜ない」で終わる言葉。**「できない」「知らない」「許さない」「聞いたことない」「興味ない」「そんなわけない」**など。**「ムリ〜」「別に……」**も同様です。

否定言葉は非常に強い周波数で、外から入ってくるいいエネルギーを瞬時にブロックし、それ以上の思考をストップさせてしまいます。

さらに、「〜ない」で終わることで、可能性を否定することにつながります。すると、潜在的に不安を感じるようになり、邪気に憑かれやすくなります。

また、「できない」の振動を脳に刻み、「できない」行動につなげてしまいます。

ですから、否定言葉を言いそうになったら、次のように肯定文に言い換えましょう。最初は難しく感じても、慣れるとすぐできるようになります。

・「パスワードがわからないからできない」→**「パスワードがわかればできる」**

・（「行ったことがありますか？」と聞かれたときに）「ありません」→**「まだです」「これからです」**

・「今日は、早く帰れない」→**「今日は遅くに帰ってくる」**

言い換えた言葉を声に出して読んでみると、ホッとするのがわかるでしょう。相手にもリラックスを与えることができます。

覚えておくと必ず役立つ〝浄化の言霊〟

どんなときにも効く万能ワード

「私は絶対、大丈夫！」

「どうしよう～」と不安になったときは、この万能ワードを3回繰り返しましょう。あなたの細胞に強い振動を送り、危険に気づく能力を発揮させ、ぶれない自分をつくってくれます。邪気が近寄りにくくなるので、リラックスして物事がスムーズに運ぶようになるでしょう。

人間関係を良好にする「ほうれんそう」の呪文《じゅもん》

人生は連続ドラマです。職場、ママ友、嫁ぎ先……どこに行っても〝イヤなやつ〟は存在しますが、その人に出会うことも自分で予定を立てて生まれてきたのです。嫌な人ほど、あなたの心の質を上げるためにわざと悪役を担当してくれたソウルメイト。

そこで、次の呪文を楽しく唱えましょう。あなたが「ハッピーエンドで終わる」と決めれば、必ずハッピーエンドになります。

「**ほ**んとは向こうはあなたが大好き
うたがわなくて大丈夫
人生は**れん**ドラ　ハッピーエンド
そうルメイトが心の質を磨いてくれる」

さて、次のページからは、私たちがつい日常言ってしまうネガティブな言葉を例にとり、それらをどう言い換えれば、高い周波数で邪気を払う「浄化ワード」になるのかをあげてみました。

浄化ワードに言い換えることで、さらに高質な気を集めましょう。

NGワードを浄化ワードに言い換えると？ 1

NG

「お金が全然貯まらない！　今月苦しいな～」

「お金は苦労しなくても入ってくる！」

お金の不安をいい情報の上書きで消す

お金は繊細なエネルギーを持っているので、とても傷つきやすいもの。「ぜんぜん貯まらない！」「お金なんかない！」と強く否定されたりすると、お金は怒られたと思ってあなたから離れようという気持ちになってしまいます。

また、**お金に対する否定言葉がつい出てしまうのは、不安のエネルギーを抱えている証拠**。子どもの頃、親に「お金がないのは不幸」「お金は苦労しないと入ってこない」という偏《かたよ》った常識を刷り込まれたり、「うちはお金がないんだからね！」と経済的に何かを制限されたりすると、その体験が尾を引き、大人になってからの金銭的問題（貸したまま戻ってこない、財布をなくした、リストラなどで収入が減ったなど）を引き起こします。さらに、そのときのショックが傷になって残ると、お金が入りにくいバリアが張られてしまうのです。

過去の「お金のショック」を思い出し、「お金は苦労しなくても入ってくる」と声に出して情報の上書きをしましょう。お金がどんどん回り出します。

NGワードを浄化ワードに言い換えると？ 2

NG

「なんで私ばっかかり、いつも忙しいの？」

「そうか〜、みんな私を頼ってるのね！」

自分のところに来るものは神様が与えてくれたもの

仕事や家庭生活のなかでやることが山積みのとき「何で私ばっかり……」と恨めしい気持ちになることは、誰でもあるでしょう。

そんなときは、一拍置いて笑顔で「しょうがないなぁ、みんな私を頼っているのね！」と言いましょう。すると、じわじわと近寄ってきていた邪気たちが一気に吹き飛んで、あなたは再びキレイな輝きを取り戻します。

仕事でも何でも苦手な人、嫌いな人、完成度の低い人には頼みたいと思いません。やっぱり好きな人についつい頼んでしまうものです。**あなたのところに来るものはすべて神様がくださったもの、必ずあなたの成功に役に立つものです。**

「イヤだ、イヤだ」と思っていると、その負のエネルギーが嫌なものばかりを呼び寄せてしまいますが、来たものを喜んで受けると、不思議と嫌な人、物、出来事がぱったりこなくなるのです。

その効果は絶大です！

NGワードを浄化ワードに言い換えると？ 3

NG

「いつも怒ってばかりで、何様だと思ってるの？」

（心のなかで）
「プライベートで苦労しているんですね～。応援してます」

✦物事がよくなるためなら、上から目線の想像もOK！

怒る人というのは、いつも心が不安で警戒心いっぱい。その心境は捕獲された野生動物と同じです。そう考えるとちょっとかわいそうな気もしてきますね。

しかし、彼らには強力な邪気がついているので、愛を送ってもなかなか届かないのが現状です。そんなときは、「逆・上から目線」で彼らの邪気と対峙《たいじ》しましょう。

彼らの不安の元は、もしかすると、母親の介護の心配、反抗期の子どもの悩み、不倫相手とうまくいっていない、投資に失敗して悩んでいる……などかもしれません。そう思うと腹の立つ相手がどんどん気の毒に思えてきます。

想像力も言葉も人間に許された神様からの最大のプレゼントですから、物事をよく回していくためなら、どんな想像をしてもよいのです。

ポイントは最後に「ざまあみろ！」ではなく、「応援してます」をつけて終わりにすること。そして声に出さず心のなかでつぶやくこと。

あなたがリラックスすることで、彼らの邪気もまもなく去っていくでしょう。

NG

「仕事でミスばかりするし、ホント私ってダメなやつ」

「今度はもっと丁寧にやってみよう。次回気をつければ大丈夫！」

今すべきことに集中する

自分のミスを責めて負のスパイラルにはまってしまうと、ミスはもっと増えていくもの。この悪循環を断ち切るためにも、「ミスは魂からのメッセージ」であることを覚えておきましょう。

自分に能力がないからミスをするのではありません。ミスをするときは、「心がここにないとき」。マイナスの方向に向かっているあなたに、「よそ見をしないで！ 地に足をつけて！」ということを知らせるために、ミスが起こるようになっています。反対に、**しっかりと現実を見据えて今に集中できていれば、幸せのエネルギーを受け取ることができるのです。**

ミスをしたときは、なぜそうなってしまったのか自分を振り返り、次は同じ失敗をしないように、今すべきことに専心する右ページの言葉を宣言してみましょう。

110ページに紹介した「まちがいノート」をつけたりして、ミスを徹底的になくす努力をすることで、次のステージに移るときが来るでしょう。

NGワードを浄化ワードに言い換えると？ 5

「なんで私のことを否定ばかりするの？」

「彼は私に何を伝えようとしているのか？　これは神様からのメッセージのはず」

冷静になることは幸せへの第一歩

人を反射的に否定してしまうのは、自分自身が否定されて育ってきたため。自分を嫌う気持ちが元になって起こります。決してその人は、あなたが憎くて否定しているわけではないのです。

とはいえ、人間は否定をされると一瞬にして気が収縮し、オーラがしぼんでしまいます。同時に周波数が一気に下がり、瞬時に邪気に憑かれやすくなります。ですから否定されたときこそ、瞬間的にプラグをプラスに差し替えられるといいですね。

それにはまず冷静になることです。そして、「落ち込むのは邪気に憑かれているから」「人生にムダはない、ここから何を学べるのか」「そこに隠された意味が必ずあるはず」と、哲学者や評論家になった気分で分析すると、必ず答えが現れます。

あなたが問うたことには必ず答えがあるのです。

自分が過去に否定された悲しみがよみがえってきたり、かつて誰かを否定していたりなど、浄化に必要な大事な出来事が思い出されてくるでしょう。

NGワードを浄化ワードに言い換えると？ 6

NG

「ずっとお一人様のまま、人生を終えるのかな？」

「今は、心の質を磨いて
最高の彼と出会う準備中
出会える日が楽しみだわ〜♡」

心の質が磨かれればツインソウルに出会える

職場の同僚がみな次々と結婚をしていくと、仕事が手につかなくなるぐらい不安になってしまうものです。しかし、「焦り」ほど気をつけなくてはならないものはありません。周りのペースに巻き込まれて自分の本当の気持ちを見ようとしない焦りや疑いは、大変強い邪気を持つため、この心に支配されると間違ったものを選んでしまい、必ず後悔します。

人というものは、お互い同じようなオーラの質の人と結びつくようになっているので、心が磨かれれば磨かれるほど素敵な人に出会うようになっています。

そして、生まれる前に設定してきた心の質のレベルに達したときに出会うのが「ツインソウル」、いわゆる運命の人。心も体もピッタリの理想の相手です。**人は必ず素敵なパートナーに出会えるようになっています。**一段高いステージのパートナーと出会える日を目指して、心の質を磨きましょう。みんながうらやむ素敵な王子様は、リラックスのオーラに引き寄せられてくるのです。

NGワードを浄化ワードに言い換えると？ 7

NG

「彼にフラれた、悲しい～」

「もっとハイレベルな彼のところへ送り出してくれてありがとう」

フラれるのは、よりレベルの高いパートナーと出会うため

大好きで信頼していた恋人にフラれたときのショックは、生きているのもつらいほど苦しいものですね。

実は、現世で交際する相手とは、たいていソウルメイトとして前世でもよい関係を築いていています。それなのになぜ続かないかというと、フラれる側にもっとふさわしい素敵なパートナーが待っていることが多いからです。

フラれるなどの異性との事件は、女性の場合、父、兄弟、先生、彼氏から受けた傷が残っているから気づいてね、というサインです。異性からの傷が残っていると、異性を拒絶する力が無意識に働くので、離婚や未婚、異性に対する関心の薄さ、草食系・絶食系になる、彼氏（彼女）ができない、につながります。

しかし、その**過去の傷に向き合うことで、拒絶の気持ちがなくなると、異性関係がスムーズに動き、そのあとに、望んでいたピッタリの人に出会えるようになっています。**「フる」という、人を傷つける悪者役をあえて買って出てくれた相手に心から感謝することで、素敵な出会いを待つ時間はさらに短縮されるでしょう。

NGワードを浄化ワードに言い換えると？ 8

「○○君に会いたいよ〜」

「今は、会わないほうがいいから会えないだけ。最高のタイミングを与えてくれる宇宙に感謝！」

すべては宇宙のタイミングに任せる

大好きな彼、でも事情があってなかなか会ってもらえない……。そんなときは、切ない気持ちで身が引き裂かれる思いになりますね。

でも、必要以上に焦らないこと。**宇宙のタイミングに任せてみると、すべてがうまく進み出します。**

特になかなか会えないときは、会うと問題が起こるとき。メールの返信が来ない、スケジュールが合わない、気持ちがのらない……。

これはあなたや相手の個人的事情ではなく、綿密に仕組まれた宇宙スケジュールです。無理をして会ってもケンカになったり嫌な思いをしたりするでしょう。特に不倫関係の場合は邪気の影響を受けやすく、無理をして会うと事故や食中毒、失くしものなどが起こります。

会いたい気持ちが募ったら、右のページの言葉をつぶやいてみましょう。この次のデートは、必ず彼からの嬉しいサプライズが聞けるでしょう。

NGワードを浄化ワードに言い換えると? 9

NG

「『赤ちゃんの顔が早く見たい』って言われるたび、傷つく!」

「レコーダー、スイッチ・オン!」

誰にでも同じことを言うレコーダーだと思う

「結婚をしたら赤ちゃんは自然にできる」「子どもを育ててこそ一人前の人間になれる」というようなことを言う人は、常識どおりを安心として、自分に自信を持てない人。誰にでも同じことを言うレコーダーだと思ってください。

そのレコーダーのスイッチがオンになっているだけ。取り合う必要はありません。次に会ったときもスイッチ・オンになるか、逆に楽しんでしまいましょう。

また、子ども関連の問題は、あなたの子ども時代のつらい深い傷を教えるものです。悩んだら**「過去の傷に気づいて」というメッセージを魂が教えてくれている**と思いましょう。

「自分を緊張させているものは何？」「子どものときにどんなイヤなことがあった？」そう問いかけるだけで、体が柔らかくなり、赤ちゃんを授かったり、子どもがかわいく思い始めたりすることもあります。

また父親など異性に対する極度の悲しみのエネルギーは子宮に集まり、病気を引き起こすこともあるので、過去の出来事を思い出しておくと安心です。

NGワードを浄化ワードに言い換えると？ 10

NG

（愛する家族やペットの死に際して）
「どうして、私を置いて死んじゃったの？」

「天国で会えるね！
それまでの間、自分磨きをがんばる
から待っててね！」

先に旅立った人たちに自慢できるような自分になる

いつも優しかった家族やそばにいて癒してくれたペット、ましてや夢半ばで旅立ってしまった子どもの死は、身を引き裂かれるつらさでしょう。

人は亡くなると自分の人生を振り返る時間を持ちます。それが終わると、天国という何の不安もない場所へ移り、一番輝いていた優しい笑顔であなたが来るのを待っています。幼かった息子や娘は輝くばかりの青年やお嬢さんに成長しています。

ペットたちも、玄関を開けたときと同じように駆け寄ってくるでしょう。

天国は何の心配もいらない場所。大好きな人たちやペットが幸せで笑っているなら、それほど素晴らしいことはないでしょう。

最高の笑顔で待つ彼らに、あなたも最高の輝きを見せてあげましょう。

「キレイになったね」「立派になったね」と彼らがあなたを自慢できるよう、いつか会える日までもう少し自分を磨いていきましょう。

彼らはいつも必ずそばにいてくれています。ときどき話しかけてあげましょう。涙があふれてきたら、お話ししている証拠です。

気のパイプを詰まらせる〝NGワード〟

神様は私たちに言葉というものをくださいました。

言葉はときとして、心を傷つける鋭い凶器にもなりますが、適切な使い方をすることで、魔法のプラグをポジティブな世界につなげ、誰よりも早く次のプレシャス・ステージへ進むことができるようになっています。

よくない言葉を「口に出さない、人に対して使わない」は、浄化のための大切な基本。ここでは、気のパイプを詰まらせるNGワードを紹介します。無意識に使っている言葉の中にもNGワードは存在するので、気をつけましょう。

NG 悪い

「よい、悪い」「正解、不正解」と決めているのは、私たちの主観にすぎません。

「あの人が悪い」というとき、私たちは相手を完全に否定しています。そこには宇宙のエネルギーは入ることができません。

そんなときは**「よくないことだと思う」**というように「よい」に向かって近づいている途中の言葉「よくない」を使いましょう。

「〜ない」という否定語を含んでいますが、動詞ではなく形容詞として使うことで、天のエネルギーが入ってくるようになります。同様に、「間違ってる」と言いたくなったら**「他にもあるんじゃない？」**と言ってみましょう。

NG おやりになる

一見、尊敬語に思えますが、「やる」というのは人間ではない相手に使われる波動の低い言葉。あなたのオーラが一瞬にして曇り、夢を叶いにくくします。相手の行為や活動を尊敬して伝えるなら、**「なさる」**を使いましょう。

例
NG　このお仕事を何年くらい**おやりになっておられる**のですか？
⬆
OK　このお仕事を何年くらい**なさっている**のですか？

NG かわいそうに

紛争地での難民のニュースを見たり、問題を抱えて苦しんでいる人に対して「かわいそう」とつぶやいてしまうことがあります。

しかしこの言葉は自分に対して使うもの、人に対して使う言葉ではありません。人に対して使うと「自分は安全地帯にいるけど、あなたはそうじゃない」ということを示していることになってしまいます。

どんな人にも自分で立ち上がる力が備わっていて、それを試し磨く状況こそが、今の苦難なのです。「かわいそう」と思ったら、**「あなたの底力をみせて！」**と応援してください。

NG お金持ちになりたい

あいまいな言葉は宇宙のエネルギーをとまどわせます。

「お金持ちになりたい」は、地上界ではよい意味に使われますが、天界ではお金を

1円でも持っていると、この言葉でくくられてしまいます。お金がたくさん必要なら、「1億円を貯める」「来年6月までに3千万円の売り上げをあげる」など、具体的な数字や期日をあげて、目標を設定しましょう。

また、「貧乏」「貧困」などお金のない状態を表す言葉もNGです。

「お金持ち」と同様、「痩せたい」や「売れっ子になりたい」も、天界にはあいまいでわかってもらえません。**「私が」「どのように」「どれくらい」「どうなる」**か、天がわかるように伝えましょう。

NG 私ってほんとバカ

否定する言葉、けなす言葉は人に対してはもちろんですが、むしろ自分にこそ使わないようにしましょう。

バカ、あほ、まぬけ、のろま、ダメ人間……一生懸命がんばっているあなた自身がその言葉でへこんでしまうと、本来の力が発揮できなくなります。

それが負のスパイラルに巻き込まれるきっかけとなってしまったり、怒りやイライラの元になったりしてしまうのです。

失敗したり、後悔したりしてつい自分をけなしてしまったときは、「私ってほんとバカ……じゃない」と、**最後に「〜ない」をつけてつぶやきましょう。**

自分をけなすワードをあえて否定することでストレス排出にもなります。

NG 切る

「切る」は「ない」と同様、つながりの可能性を0％にするワードです。人に対して使うと、自分がその10倍のつらい思いをする出来事が返ってきてしまいます。

また「えんがちょきった」という言葉は、「縁を切る」から来ています。縁＝円につながり、あらゆる恵みを滞らせます。

もし、「縁を切る」と言いたくなったら、**「離れる」「会わないようにする」**などと言ってみましょう。

家族や親戚、知人、友人の縁は、必要がなくなれば神様が自然に調整してくれます。**何事も自分から切りにいかない**ことが、運気を高めてくれるでしょう。

NG 損した・とられた

この言葉は、自分は損をした、相手は100％「悪」だ、と決めつけるときに使います。「損」とは自分の人生がよくなる可能性を打ち消すワード。人生を悲観している、自分の足りない部分だけが目に付くときなどに口をついて現れる、すべてを否定する強い邪気を含んでいます。

私たちは、お金を多く払ったりとられたりすると、「損した」と思いますが、実は、お金は払ったもの勝ち。お金を支払った人には、質のよいお金が返ってくるようになっています。

予定よりお金がかかってしまった場合は、**「得した！」**と言ってみましょう。

NG 〜してください

この言葉は他に選択肢を与えない支配的な負のパワーを持っています。上から目線の命令の言葉ですから、まず上司が部下に、親が子どもに、または、お店の人がお客様に向かって使わないことが基本です。

支配的な負のパワーは、誰もが持つ幼少期の支配された記憶を刺激し、警戒させ緊張させ、相手のリラックスを取り去ってしまいます。

「○○してください」「○○しなさい」ではなく、**「○○してみてください」「○○してみましょう」**のような選択可能な広がりを持つ言葉に言い換えることで、相手をリラックスさせ、能力を最大限に引き出すことができるようになるのです。

NG ダメ！

「それしちゃダメ！」「ダメでしょ！」というとき、その批判は物事や行為にではなく、それを行った人に対して向かっています。

相手を100％否定するだけでなく、上からおもりを押し付けて、再起不能にさせてしまう強い言葉です。

これは自分に自信が持てない人の自分を嫌う邪気が言わせているもの。「ダメ」と言われると、言われた相手はパニックに陥り、解決策も、次にとるべき行動もわからなくなってしまいます。

そんなときは、**「ちょっと待って」**や**「こっちのほうがいいかも」**で上手にスルーしてみてください。

NG ～けど・～でも

「～けど」「～でも」は否定語です。

たとえば、料理を作ってくれた相手に「これおいしいけど、何の材料なの？」と言うと、せっかく「おいしい」と褒めてもらったうれしい気持ちを一瞬で蹴散らしてしまいます。

そんなときは、**「これおいしいね。何の材料を使ったの？」**と、分けて言いましょう。同じことを伝えているのに、印象がずいぶん変わることを実感できるでしょう。

一方、「寒いけどきれい！」「狭いけどなんか素敵！」など、**よくない言葉のあとに「けど」「でも」を使う**と運気が上がります。

NG 早く！

部下や後輩、子どもなど、目下の相手に向かってつい出てしまう言葉です。「早く」という言葉には、言った側の焦りの周波数がのるので、非常に強い邪気を放ってしまっています。言われたほうはその邪気を受けるので、できるものもできなくなったり、さらによくない結果で終わる可能性が高くなります。

宇宙のエネルギーは、リラックスしたところにしかつながれません。「遅い！」とイライラしてきたら、「早くしてよ！」ではなく、**心のなかで「遅くしてよ！」と逆の言葉を言ってみましょう。**言葉としては変ですが、期待以上のよい結果がもたらされます。

NG 悪いけど○○できない

「悪いけど、今日は行けない」などよく使われますが、「悪い」と「けど」がダブルで使われる、大変周波数の低い言葉です。

「悪い」という言葉はフラットなものを下方へ落としていく力を持っています。相手の要求に力添えできないことに対して、「残念だ」という気持ちではなく、「迷惑だ」という怒りの邪気がこの言葉に含まれています。これでは、言われたほうによくない影響が伝わり、憎しみを買うことになってしまいます。

できないときは**「できないの。ごめんね」**だけで十分です。

NG ～しかない

「今日のおかずはこれしかない」など、「～しかない」は限定を表す表現で、伸びようとする潜在能力を上から押さえつける言葉です。アイデアや解決策とつながる天のパイプを、瞬時に断ち切ってしまいます。また、「ない」で終わるため、少しの可能性も入り込む隙を与えません。

そんなときは、**「～もある」**と言ってみましょう。

「今日は二品もおかずがある」、あるいは「お客様が二人も来た！」というふうに。するとたくさんの物や人との出会いが豊かにめぐってくるようになります。

Column

冗談でも使わないほうがいい言葉とは？

グループでの食事や飲み会の席で場を盛り上げるため、ついつい出てしまうのが自分を茶化す言葉。冗談めかしていうことで、その場を和ませようというやさしさから出た言葉ですが、口から出た言葉はあなたの細胞にその周波数をそのままインプットし、言葉どおりの状況を現実化していきます。

ですから、自分を茶化す言葉、可能性を制限する言葉は使わないようにしましょう。下にその一例をあげました。思い当たる人は、次から気をつけましょう。

私って…
うちって…
これって…

ブサイク　デブ　ビンボウ　小さい　頭悪い　チビ　死にそう　はげ　くさい　汚い　もうおばさんだから　つぶれそう　年だから　買えない　バツイチ　たまたま　まぐれだよ！　低い　アル中　まずい　ぜんぜんがんばってない　少ない　モテない　中流家庭　自転車操業　零細企業　貧乏暇なし

など。

※もちろん、人に向けて言っては絶対にいけません。

第6章

✧✧✧✧✧✧

あなたは
素晴らしい存在
〝セレンディピティ〟

セレンディピティとは？

「セレンディピティ」という言葉をご存じですか？

「運命の扉を開く奇跡のような偶然の出会いをキャッチする能力」というロマンチックな意味で使われていることが多いようですが、もとは、旅の途中で遭遇する困難を、三人の王子が不思議な偶然によってのり越えていくという『セレンディップの3人の王子』というペルシアのおとぎ話からきています。

この物語をうけ、**「自分を開運に導く出来事は常にそばにあって、気づいてもらうのを待っている、もしくは、それに気づく能力」**という意味で使われ始めました。

自分を開運へ導く奇跡の出会い――この能力を身につけて幸せのステージへ一直線に進みたいですね。そのためには、自分に近づく幸運の足音をキャッチする必要があります。いったいどんなメッセージで現れるのでしょうか？

✧神様は日常のなかにヒントを落としてくれる

たとえば、「頭に浮かんだ歌」や「魂やご先祖など目に見えない存在による導き」を意識したりすることは、セレンディピティに気づく近道です。

ワクワクする歌、ハッピーソングがふと頭に浮かぶとき、それは天使の祝福です。雲や光、虹、鳥の声も同様。「がんばってるね！」「この後すぐいいことがあるよ！」と背中を後押ししてくれています。

また、魂やご先祖など見えないものの存在は、「不思議な偶然」で必ずあなたを助けてくれます。たとえば、「そのバッグは今買うときじゃない」という場合、なぜか売り切れていたり、「休んだほうがいい」ときは、なぜか約束した友だちからキャンセルが入ったりします。

つい見逃しがちなこれらのサインですが、「必ずよくなる！」というあなたの「強い意識」があれば、必ず幸せの方向へと導いてくれます。

魔法のプラグが宇宙につながっていれば、こうしたメッセージによって、神様は常に、よい方向へと導くヒントやチャンスを、シャワーのごとく私たちに降らせてくれていることに気づけるでしょう。

そして、夢のステージへ引き上げてくれる人や出来事にたくさん出会えるようにしてくれているのです。

◇セレンディピティの落とし穴

幸運を引き寄せてくれるセレンディピティですが、ここで一つ気をつけておかなければいけないことがあります。それは、**自分のところに来るものをコントロールしようとしない**こと。


相談にいらしたS子さんは結婚に焦っていました。「私は結婚できるでしょうか？」という彼女に、エネルギーの調整をした後、「焦らないこと」「幸せを疑わないこと」「理想の結婚のビジョンを強く描くこと」をお伝えしました。

3ヵ月後、S子さんから「思い描く人と違う人ばかりに出会って、いい人は一人も来ません……」と憔悴《しょうすい》しきった様子で連絡がありました。

聞くと、S子さんのところに現れる男性は、この3ヵ月に3人、しかも毎日普通に過ごすなかで、仕事やプライベートで知り合ったと言います。

神様は、なぜS子さんに、タイプではない彼らをめぐり会わせたのでしょうか？

それは、「相手のよいところを見つける」という勉強をクリアすることで、S子さんが本当の理想の男性と幸せになれるようにするためです。

神様はS子さんにそのことを気づいてもらうために、あえてタイプではない人材を与えてくれていたのでした。


このように、来たものの「合格・不合格」を自分で決めてしまうと、理想のゴールに遠回りをすることになります。

特に否定は、瞬間的に強いネガティブな波動を持ち、また、疑ったり焦ったりする気持ちも負のパワーを生み出してしまいます。

すべてのことは、あなたにとって必要なものだけが来るようになっています。

来たものすべてに輝く面を見つけてあげることで、次のステージに進む力に変えていく能力こそ、セレンディピティなのです。

まずは自分を優先する

幸せをつかみとる能力を身につけるには、自分をたくさんホメて、自分の望みを何よりも先に叶えてあげることです。特に「人のために尽くすことが得意」「人の笑顔を見るのが好き」という人ほど、自分を優先する必要があります。

このような人は、コミュニケーション能力も高く、周りからとても必要とされています。しかし、自分のことをホメてあげるチャンスを逃し、もっともっと自分に厳しく接してしまいがち。その背景には、幼少時に親や周りから受けた支配的な出来事が影響していて、「自分が得をしてはいけない」「もっとできるはず！」と、自分へのハードルを高くしてしまうのです。

しかし、宇宙には**「自分の喜びが温もりとなって初めて周りの人を笑顔にする」という大法則**があります。

マザー・テレサは言います。「大きなことをする必要はありません。すぐ隣にいる人を温めてあげればいいのです」。

つまり、隣の人に伝えられたあなたの温もりが、いつしか遠い国の争いを癒すように影響していくということです。今できる小さなことこそが大きな力を持つ、ということを説いています。

まず自分の笑顔を温めましょう。

実は、私たちにはそれしかできないのです。どんな言葉で人から勇気をもらおうと、最後に立ち上がるのは自分自身の力のみ。

自分と相手、両方が笑顔になれて初めて、相手はその喜びを純粋なパワーとして受け取ることができます。

相手に尽くした結果、あなたがつらくなるなら、その親切には邪気が憑《つ》いてしまいます。**どんなに素敵なひらめきでも自分が笑顔になれないな、と思ったことはいったん保留にしましょう。**

笑顔のパワーを何十倍にも高めるために、まずは自分を最優先です。

迷ったときは魂の声に耳を傾ける

「携帯の占いサイトにアクセスをしたら、『現在あなたの運気が決壊しようとしています。今後の具体的な行動を知りたい方は、ご連絡ください』といった文面が延々と送られてきてどうしたらよいですか?」といったご相談をよく受けます。

今、自分がどうしたらいいのかわからない真っ暗闇のなかにいるとき、私たちは光を求めるため、不安を鎮《しず》めるため、見えないものを見ようとします。

傷つく出来事をたくさん経験してしまうと先へ進むことに慎重になり、手軽な占いサイトが心強く感じられるようになってしまうのです。

しかし、人生には何一つ決まっていることはありません。

決まっているのは、**自分の好きなこと、得意なこと、何時間していても飽きないことを軸にして動いていけば、必ず望む人生に出会える**ということだけです。宇宙という雄大な環《わ》の中で、私たちは好きなことを抱きしめているだけで、幸せになれるようになっています。大切なのは自分の気持ち。魂は、自分で決めたことしか正解とみなしてくれません。

二つ以上の選択肢があるなら、目の前でパン！　と一回手を叩いてみましょう。次の瞬間心に浮かんだものが魂からのメッセージ、あなたの本当に望むことです。

あなたを一番幸せにしてくれる選択は何ですか？

✧幸せの周波数で、宇宙とダイレクトにつながる

夢の叶え方、運のつかみかたが上手な人とそうでない人がいますが、その違いはなぜ起こるのでしょうか？

それは、幸せの周波数を保てるかどうかにかかっています。

たとえば、「都心の億ションに住みたい！」と願ったとします。その思いは小さな粒となって天へ上り、宇宙のエネルギー循環のなかに取り込まれます。しかし、自分を嫌う気持ちがあったり、「億ションに住んであいつの鼻をあかしてやる」「み

んなを認めさせてやる」などのマイナスの思いがあったり、「本当に叶うかな〜」と疑う気持ちがあったりすると、願いの周波数が下がってしまいます。

「幸せ」や「お金」など、よいパワーを持っているものは周波数が高く、同様の幸せの上にしか降りることができないので、幸せの周波数を高く保てないと、なかなか願いが叶わなくなってしまうのです。

そんなときは、自分の今までの偏った常識を一蹴しましょう。方法はとても簡単。新しいマイ常識を声に出して宣言するだけです。

「私は老若男女すべてに好かれる！」「私は月100万円稼ぐ！」「私は苦労しなくても幸せになれる」「笑顔で健康で楽して稼ぐ」など。

注意点は、**①主語は「私」、②「もう貧乏にはならない」「低収入の男性とは一切めぐり会わない」など、「〜ない」で終わらせないこと**の2点だけ。マイ常識を唱えるときは、「いつ？」「どうやって？」など5W1Hは考えなくて大丈夫です。

自分の細胞に新常識の強い振動を刻みこむことで、幸せのための新しいプラットフォームができあがります。

誰もが神様に愛されて生まれてきた！

幼い頃に、寂しい思いをしたり、たくさん傷ついた経験があると、つらくて自分を投げ出したくなってしまうときがあります。そんなとき、魂は自分を取り戻してもらうために、あえて大きな困難のなかへ連れて行きます。人はちょっとしたことでは気づけないからです。

「自分を好きになる」ことはとても難易度の高いアクションです。だからこれができると一気に天に近づくことができるのです。

私たちは生まれてくる家や育ててくれる親をコントロールできません。今の苦しみは親から、そのまた親から……と延々続く流れのなかにある一つにすぎないのです。ですから、自分や誰かを責める代わりに今できることを実行しましょう。

神様が望んでいるのは、間違いを犯さないことではなく「間違いのなかから何を

見つけ出すのか」です。それに気づけたとき、以前とは比べものにならないほど、高くまばゆいステージに上がることできるのです。

そして、自分を好きでいること、いいところはもちろん、できないところも、まるまる認めてあげることができたら、それはあなたに究極のリラックスをもたらし、心を柔らかくしてくれます。

神様からの幸せの種を受け止め育てる〝最高の土壌〟をつくっておくことで、気づけば見晴らしのよい世界にいる、そんな奇跡がどんどん起こるようになるのです。

✧自分の価値に気づけば、幸せがどんどん降り注ぐ

自分の価値に気づくことができれば、その瞬間から幸せが舞い込んできます。そこで、自分の価値に気づくとはどういうことか、自分自身に問いかけてみましょう。

あなたの誕生日はいつですか？
それはどんな季節でしたか？
あなたが子どもの頃に好きだった遊びは何ですか？

あなたが子どもの頃、大切にしていた物は何ですか？
あなたの好きだった人は誰ですか？

私たちの潜在意識には、まだ癒されていない幼い子ども（自分自身）が住んでいます。**今、周りに起こるネガティブな現実は、すべてその寂しさを知らせる「幼いあなた」からの「寂しいよ。気づいてよ〜」という声にすぎません。**
だから、現実を怖がらなくていいのです。その代りに、けなげだった子どもの頃を思い出して欲しいのです。だって、「幼いあなた」は、他の誰でもない「あなた」しか振り返ってくれる人はいないのですから。

こうして、あなたがあなた自身に向き合って、過去に感じた寂しかった、つらかった、悲しかった気持ちを肯定してあげたなら、すべては霧《きり》が晴れるように解決し、自分が生まれ持っている素晴らしい価値に気づけるでしょう。
まず**小さな自分自身を笑顔にしてあげましょう。**それが何よりも、神様があなたに伝えたいメッセージなのです。

とにかく信じるだけでいい！

セレンディピティによって「奇跡の出会い」を受け取るためには、見えない存在を信じることが重要です。

しかし、そうとはわかっていても、実はこれが一番難しいことだというのはみなさんも気づいているかもしれません。

私自身もそうでした。約10年前から霊感が急にひらけてきて「神様」の声を聴けるようになった頃から、さまざまな体験をしました。土砂降りの中での浄霊の修行、武道館コンサートさながらに集まっている霊たちとのコミュニケーション、机の下に落ちているゼムクリップとの会話……。

それらを、友人や家族に話すと、「妙な宗教にだまされないでね」「それ、誰にも言わないほうがいいよ」と言われ続けました。

疲れてきて発想がネガティブになると、「こんなことあるはずない」「きっと頭がおかしくなっちゃったんだ」と、自分の不思議な体験、そして自分自身を徹底的に否定しました。

でもある日ふと、「自分の心に生まれた感情や思考を私が否定したら、それは誰にも存在を認めてもらえなくなってしまう。誰に迷惑をかけるものでもないなら、私だけはこの思いを肯定してあげよう」と思うようになりました。

ピグマリオン効果といって、教師に前もって今後成績が伸びる生徒が誰かを伝えると、教師の期待によって、指名された生徒は成績が上がる、という実験結果があります。

それくらい**「そうなのだ、それでいいのだ、絶対そうなるのだ」という揺るがない思いというものは、大変高い波動を持ち、どんなに現実とかけ離れていようとも、動かせなかったものを、簡単に動かす力を持つようになる**のです。

「信じる」というシンプルだけど難しいことだからこそ、それができたときは、何よりも大きな力を発揮してくれるのです！

魔法のプラグが宇宙につながると、望む現実が引き寄せられる

保育士のF子さん（41歳）は、結婚を決めていた彼に突然理由もなく去られてしまいました。ショックで仕事も続けられず、親にも心配をかけ、不安から死ぬことばかりを考えていました。

そんなときある夢を見たそうです。菩薩《ぼさつ》様のような人物が現れ、F子さんにほほえみかける夢。「これは私を守ってくれている神様ではないか？　気のせいかもしれないけれど、もしかしたら、このあと、とてもよい展開が待っているのでは？」と考え直しました。

そこで、彼女はまず、この後、自分はどうなりたいかのビジョンを描きました。「経験を生かして子どもの教育や心理に携わる仕事をする」「同じ仕事で知識を共有し合えるパートナーの男性と結婚する」「笑顔がいっぱい、ハートがいっぱいの

毎日を送る」など、自由に思いついたことを書き出し、これらのビジョンを、毎日リラックスしながら考えるようにしました。

また、彼を恨むのをきっぱりやめ、今までにもらった優しさや笑顔に感謝するようにして、よい言葉だけを口にするようにしました。

すると、ご本人曰く、悲嘆で垂れ下がっていた頬が引き締まり、2ヵ月後には望んでいた条件どおりの職場が見つかったそうです。

現在は、そこで知り合ったスポーツ担当の男性教諭と仲良くなり、結婚に向けて準備を進めているとのことです。

F子さんは、私のところに「元彼と私はどんな運命で別れたのか知りたい」ということでいらしたのですが、霊視してみると、突然去った彼はF子さんに今の彼と出会わせるために現れたソウルメイトということがわかりました。

「よい言葉を口に出す」「物事のよい面をみる」「偶然を信じて、神様に丸ごとお任せする」。この3つを意識して生活すれば、魔法のプラグは必ず宇宙とつながり、セレンディピティに気づけるようになるのです。

頭に浮かぶことは、必ず実現する！

今自分が強く興味を惹かれることがあるなら、それは自分が「今生《こんじょう》で形にする！」と決めてきた大事なこと。

ですから、必ず叶います！

ブッダは生きているときは、自分がこんなに〝聖人〟として有名になるとは思っていませんでした。彼は、そのときそのときに「したい」と思うことを、ただしてきたに過ぎないと言います。

また、神様もブッダに「歴史上の聖人になるよう」使命を与えたわけではありません。彼の適性能力を与えただけだと言います。そして、それをするかしないかはどちらでもよくて、本人次第なのです。

未来の決定事項はただ一つ、あなたが笑顔で幸せになること。**まずは、小さな**

「なんか気になる」「もう一度やってみたい！」を実行しましょう。その喜びがあなたの周波数を上げて、大きな成功へと導いてくれるのです。

何度も繰り返しになりますが、〝人の素敵な面〟を喜んでみましょう。心が柔らかくなって必要な情報がたくさん受けとれます。

今、あなたがつらい状況にいるならば、偶然（＝必然）を疑わず、眠っているダイヤを探してみましょう。あなたは神様にいつも抱きしめられています。何も心配しないで思いきり羽ばたいていいのです。疲れて羽ばたきを止めたとしても、神様はちゃんと受け止めてくれますから安心してください。

そして、理想の人をイメージし、常に一流であることを自分に課しましょう。こんなとき、理想の彼なら、彼女ならどうするかを考えましょう。

あなたの光を最大限に美しく輝かせましょう。自分が発している光を感じて、それが周りのみんなを温め光らせていることを強く意識してみましょう。あなたは人から光を受けて美しく輝く「地球」であると同時に、周りに輝きを与えることのできる太陽のような「恒星《こうせい》」でもあるのですから。

5 仏壇や神棚の水を毎朝取り替えてから朝食をとる

日々の努力が心の質を高め、天界との距離を縮めてくれます（仏壇や神棚の水は邪気をよく吸い取るので、朝食前に替えることで部屋がクリーンになります）。

6 駅前で配っているチラシを受け取る

無視はセレンディピティにとって最大の敵。どんな相手でも神様です。

7 テレビや本などでよいと紹介されたことはとりあえず試してみる

目の前に現れることはすべてあなたのための必然です。

8 神社では願い事は言わず、日々のお礼だけを言う

願いを叶えるのは自分自身。生きていることに感謝するところから始まります。

9 自分以外の家族の靴もそろえる

家族への愛おしさがよみがえってきて、エネルギー循環がよくなります。

10 困ったら、「考えろ」と自分に言う

考えることは神様に話しかけること。自分の中にある解決する力を信じることは、何よりも強運人生をつくります。

Column

セレンディピティが高まる10の習慣

セレンディピティとは、「自分をサポートする見えないエネルギーの存在を感じ取る能力」のこと。見えないものに形を与えることで、セレンディピティの能力を高めることができます。次にあげた10項目を、ぜひ試してください。

1 プチ日記をつける

何気なく過ぎていく毎日を形にすることで、丁寧に生きていくことができます。

2 気になる言葉やフレーズは書きとめる

浮かんでくるものはすべて神様からのメッセージ。書きとめることでヒントやチャンスを得られます。

3 使っていない部屋の電気はこまめに消す

結果の見えにくい小さな努力をすることで、天が力を貸してくれることを実感できます。

4 おもしろい形の雲を写真に撮る

自然を気にかけていると、不思議な偶然を体験しやすくなります。

日下　由紀恵（くさか　ゆきえ）

「癒しのカウンセリング」を行う、スピリチュアル心理カウンセラー。ある日突然、生まれる瞬間のビジョンを見せられてから急激に霊感が開き、神様との会話のチャンスを授かる。その中で、人間の持つ可能性を最大に引き出す「自浄力」のしくみや、トラウマとの関係について教示を受ける。風水師・高里由美子氏に師事、墓・空間風水、カラーセラピー、先祖霊などについて深く学ぶ。相談者の魂とアクセスする「魂のアクセス・リーディングカウンセリング」は国内にとどまらず、海外からも人気。日本全国でカウンセリング、セミナー講演を行っている。また、生霊・未成仏霊・地縛霊の浄霊活動にも携わり、浄霊数は５万体にも上る。著書に『もう凹まない傷つかない　心が輝く自浄力』（永岡書店）。その他、カラーアナリスト、翻訳家としても活躍している。

ＨＰ　http://officeindigo.com/
ブログ「オーラが輝く！　神様が教えてくれた自浄力」
http://ameblo.jp/officeindigo/

マンガ・イラスト　藤井昌子
本文デザイン　浦郷和美
校正　くすのき舎
編集協力　梅木里佳（チア・アップ）

邪気をはらって幸せをよびこむ浄化の方法

著　者　日下由紀恵

発行者　永岡修一

発行所　株式会社　永岡書店
〒176-8518　東京都練馬区豊玉上 1-7-14
電話 03-3992-5155（代表）　03-3992-7191（編集）

ＤＴＰ　センターメディア

印　刷　末広印刷

製　本　ヤマナカ製本

ISBN978-4-522-43248-8　C2076
落丁本・乱丁本はお取り替えいたします。④